JN048928

東京たのしい社寺
カタログ

朝日新聞出版

目次

本書の使い方

❸ アイコン

- バリアフリー（車椅子対応）
- ご朱印あり
- カフェ・お茶処あり
- 桜の木がある
- 紅（黄）葉樹がある

❶ 名称

紹介している神社や寺の名称を表記

❷ データ

上からエリア名、電話番号、所在地、拝観時間、料金、アクセス、定休日、駐車台数を記載

- 本書は、おすすめの東京の神社や寺を東京十社、東京五社、徳川家とのかかわり、見どころなどのテーマに分けて紹介しています。目次を参考にして、興味のあるテーマを探してみてください。
- 拝観時間は、開門～閉門時間を表示しています。
- 施設利用に料金が必要な場合、大人料金を表示しています。
- 定休日は、原則としてGW、お盆、年末年始を除く定休日のみ表示しています。詳細は各社寺にお問い合わせください。

※本書に掲載したデータは2023年11月の取材調査に基づくものです。内容が変更される場合がありますので、ご利用の際は必ず事前にご確認のうえお出かけください。

※原則として取材時点での税率をもとにした消費税込みの料金を掲載していますので、ご利用の際はご注意ください。

※本書に掲載された内容による損害等は弊社では補償しかねますので、あらかじめご了承ください。

CHAPTER 1

拝観指南

富士山信仰の地である多摩川浅間神社（→P.124）

TOKYO
SHRINES
TEMPLES

拝観指南

壱、江戸→明治で社寺が動いた!?

◉江戸時代にもパワスポ巡りはハヤっていた！ 江戸庶民の「〇〇詣で」

案内人

滝《たき》口《ぐち》正《まさ》哉《や》さん
立教大学 文学部 特任准教授

参拝旅行が江戸時代のレジャー・トレンドに！

江戸時代、都市で働く町人や武士の多くは年中無休に近い状態で働いていましたが、遠くの寺や神社への参拝という大義名分があれば、仕事を休むことができました。しかし、旅にはお金がかかります。そこで生まれたのが「講《こう》」。ちょっとした悩みを相談して解決し合う、同じ信仰をもつ者たちの小さな集団のこと。仲間内で少しずつ出し合ったお金を積み立て、一年に一度、抽選で選ばれた人が代表して参拝旅行をするのです。

特に人気だったのは「富士講」。しかし、体力的に富士山まで行けない人は、近くの寺や神社の敷地内に造った富士塚を登ったり、富士山がご神体の浅間神社に参詣して、「富士山詣で」と同じご利益を得ようとしていました。

現在も全国各地に富士塚が残る。写真は「千駄ヶ谷の富士塚」と呼ばれる鳩森八幡神社（→P.136）。詳しくはP.124へ

案内人PROFILE
早稲田大学教育学部社会科地理歴史専修卒業。立正大学大学院文学研究科博士課程満期退学。博士（文学）。東京都公文書館専門員・千代田区教育委員会文化財調査指導員（学芸員）を経て、現職。

明治政府が国教を神道にしようとして失敗

神社と寺が同じ敷地内に存在することがあるのは、神社と寺を統合させる「神仏習合」の慣習があったことから。代表的なのは浅草寺。本堂の横や裏に、たくさんの小さな社や、三社祭で有名な浅草神社があります。

明治維新を機に「神仏分離」の政策がとられ、政府は神道の国教化を目指し神仏習合を禁止。結局、神道の国教化は失敗したものの、この時期の関東では神社に力があったため、神社と統合させられたり敷地の奥に追いやられたりした寺も多くありました。

1 江戸時代から続く鷲神社の酉の市（→P.235）は隣の長国寺が神仏習合だった時代に誕生
2「神仏のデパート」と滝口さんが話す浅草寺（→P.66）

CHECK　× − ＋

ちょっと教えて！

神社と寺の違いって？

神社は鳥居、お寺は山門

鳥居には実世界と神聖な区域である神社の境内とを区切る境界線の役割が。山門は寺の入り口（玄関）。瓦屋根がついていることが多い。

お寺には線香の香り

仏教で用いる線香。香りは読経と同じように供養になると言われているほか、立ち昇る煙が、天上と現世をつなぐと考えられている。

「神宮」は神社、「院」はお寺

神社のなかで最も位が高いのは「大社」。皇族と縁の深い場合には「神宮」、皇族または歴史上の人物を奉っている神社には「宮」がついている。寺は正式名称の基本が「〇〇山〇〇院〇〇寺」。「院」と「寺」に位の差はなく、短縮した呼び方を「院」にしているか「寺」にしているかの違い。

貳、仏像を100倍楽しむ♡

◉姿・形でご利益がわかる！私たちを導いてくれる仏像様

案内人

皿《さら》井《い》舞《まい》さん
学習院大学 文学部哲学科 教授

駒込大観音は光源寺（→P.160）に安置

深大寺（→P.156）の釈迦如来像

出で立ちと持ちもの まわりの飾りに着目！

信仰する人々を正しい道へと導いてくれる仏様を形にしたものが仏像。仏教や美術に関する知識がなくても、どんな仏様の像なのか、ひと目で見極めるポイントがあります。

注目すべきは、出で立ちです。悟りを開いて無欲となった「如来」は質素な衣装をまとい、思考によって頭が盛り上がり、髪が巻き上がっています。ただし、「如来」のなかでも、曼荼羅の中央に位置する「大日如来」のように冠をのせていることも…。「菩薩」（地蔵菩薩以外）はアクセサリーをつけているため、華やかさがあります。「明王」が武器を持っているのは、怒りによって人々を正しい道に導くため。手や顔が多数ある仏様は、より多くの人を救ってくれると思ってよいでしょう。

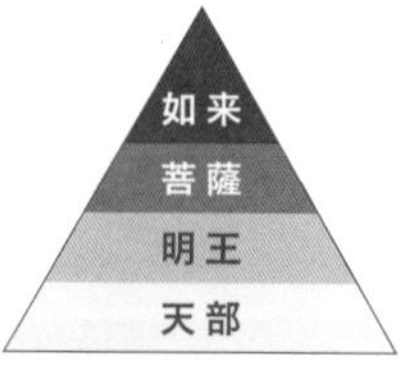

仏様にも序列がある？

「如来」は釈迦が悟りを開いたあとの姿。「菩薩」は釈迦が悟りを開く前（修行中）の姿。

案内人PROFILE

京都大学大学院文学研究科美学美術史学専攻修了。博士（文学）。共著に『天皇の美術史1　古代国家と仏教美術』、『古代史をひらくシリーズ　国風文化』などがある。

仏像たちのご利益チェック！

立っている？ 座っている？ 姿で意味が違う

浄土にいる「如来」＆現世に迎えに来る「菩薩」。

悟り系

座像の多くは「如来」。優しいお顔でずっしりとした佇まいだからこそ、浄土で待っていてくれるという安心感を与えてくれます。

行動系

立像は、浄土から現世まで迎えに来て、極楽まで連れて行ってくれる「菩薩」以下に多くみられます。杖（錫杖《しゃくじょう》）を手にしていれば、より行動的。

超行動派は「地蔵菩薩」

お地蔵様は、地獄に落ちてしまった人を地獄まで行って、救ってくれる、最も慈悲深い仏様。農作業などで無意識のうちに虫などを殺傷している可能性がある庶民の多くが、お地蔵様に救いを求めていました。

正福寺地蔵堂（→P.169）の地蔵菩薩

手の形にも意味がある！ 人間たちをお導き

仏像は話せない…でもハンドサイン（印相《いんぞう》）が語っている！

＼ご挨拶／

「施《せ》無《む》畏《い》印《いん》」

胸の前で右の手のひらを見せている
→意味：「恐れなくていい、安心していい」

＼願いをどうぞ！／

「与《よ》願《がん》印《いん》」

左手のひらを見せ、手を差し出している
→意味：「願いを受け止める」

＼悟ってます…／

「法《ほっ》界《かい》定《じょう》印《いん》」

両手のひらを上にむけ、左手を上に重ねて楕円を作っている
→意味：「信順、心の安定」

＼仏教教えます！／

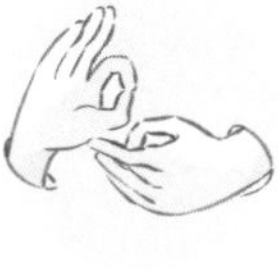

「説《せっ》法《ぽう》印《いん》」

親指と他の指を合わせ輪の形にしている
→意味：「真実を解く」

参、神社はその土地のコミュニティーセンター

◉神様は地域で盛り上げるもの！ 神社で心を整えることで毎日が充実

案内人

佐《さ》々《さ》木《き》優《ゆう》太《た》さん
ラジオパーソナリティー
神社ソムリエ

撮影協力：多摩川浅間神社（→P.124）

自然の中に宿る神の存在を人々にアピール

　神道は二万年以上前の日本で始まった、日本独自の信仰。自然の中にある、水、土、空気、肉体など、すべてに宿っているもの…それが神様です。しかし神様は姿がないため、みんなが同じ認識をもつことが難しいのです。

　昔の人々は神様に対し、すでにたくさんの恩恵を受けている「感謝」と後世もそれを続けていただくための「祈り」をする共通認識として、神社を建てました。誰かが神様と先人たちに「感謝」し、未来のために「祈り」を捧げる――。これまでもこれからも、神社は一人一人が他人のために行動することで成り立っているコミュニティセンターのようなものなのです。

　この話から、神社は個人の願望を唱える場所ではないということがわかるはず。

佐々木さんの名言

参拝は心のジム通い

トレーニングを繰り返すことで筋肉は思うように育っていく。「感謝」と「祈り」（参拝）も日々繰り返すことで、周りの反応や環境が変わっていくのです。

言い換えるだけで運気がUP！

神様の前での美しい言動を日々繰り返すことで運気が整う。

お金を
「払　う」
⇓
「納める」

感謝や奉仕の心をお金で表すときは、「払う」ではなく「納める」と。金額は人によってさまざまです。

神社に
「行　く」
⇓
「上がる」

神様は自然に宿っているので、敷地すべてが神様の家。そう考えれば「上がらせていただく」となるはず。

お守りを
「買　う」
⇓
「受ける」

お守り、お札、ご朱印などは神様から「お分けいただく」もの。「買う」ではなく「お受けする」が正解。

規則性を守ることで正しい毎日&未来になる

神様の前ではきれいであることがよいとされます。きれいというのは規則性があったりクリーンであること。季節は何巡しても順番が変わらないように、自然界は一定の規則で流れています。しかし人間の行動は規則的ではないので、神社で行うことを日常でも実践し、乱れた運気を整えましょう。

神社で心が整うのは、神様のために先人たちがしてきた規則性が守られているため。だから神様への願望で運を変えるのではなく、日々「感謝」と「祈り」を規則的に繰り返すことが大切なのです。

案内人PROFILE
兵庫県出身。神社巡拝家、ラジオパーソナリティー。26歳のとき、夜中に突然、「今から伊勢神宮に行かなければ」との思いに駆られ、参拝。それを機に全国の神社巡りを始める。今まで参拝した神社はもうすぐ2万社に。

佐々木さんの名言

すべては、
きれいか
そうでないか

神道に「NG」はなく、ただ「神様の前ではきれい（美しい）でありたい」という考え方。クリーンなイメージに日本人が尊さや癒しを感じるのはこのためです。

参拝のマナー

一、参道の真ん中を歩かない
真ん中は神様専用。両脇を歩き、横切るときは頭を下げて。

一、納めるお金はピッタリで
お賽銭と同じように考える。基本的にお釣りは出ないもの。

一、神社では願わず、祈る！
今日に感謝。そして、明日に同じ日々が続くことを祈る。

一、大切な人の家に上るつもりで
失礼がないように、最低限の身支度、言動を！

TOKYO
SHRINES
TEMPLES
拝観指南

肆、神様とつながる…

ご朱印は神様とのご縁の始まり。見返すたびにザワついた心が落ち着きます

案内人

MARIKOさん
モデル
神社検定一級

たくさんの神様とのご縁つながりの証し

多くの人が「神社とは神様にお願いをするところ」というイメージをもっているかもしれません。でも、私が神社に参拝するのは、「お願い」というより「ご挨拶」という感覚です。昔、その土地にすまう神様をお祀りする場所として神社が作られ、そこにいつまでも鎮座していただきたいと願う多くの人々の思いが、現代までつなげられてきた——。その神様と私がつながることができたご縁は、先人たちの思いによるものと考えるからです。

私が神社でご朱印をいただくのも「ご縁つなぎの証し」。ご朱印帳が手元にあることで、多くの神様と常につながっていて見守られていると思えます。私が自分らしく生きていけるのも、「神様とつながっているから大丈夫」という安心感からかもしれません。

近年は神社によって個性あふれるご朱印がいただけます。まずは参拝で神様とのご縁をつないでから、いただきましょう。

案内人PROFILE
秋田県出身。ファッション誌やビューティ誌、CMなどで活躍中のモデル。神社や日本文化に興味を持ったことから、「神社検定一級」を取得。インスタグラム（@marikozaemon）

渋谷《しぶや》 氷川《ひかわ》神社《じんじゃ》 →P.134

いいご縁を願う♡

月ごとにデザインが変わるご朱印のほか、縁結び祈願祭が行われる毎月15日のみ授与される縁結びのご朱印がかわいいと評判です。

下谷《したや》神社《じんじゃ》

切り絵が素敵

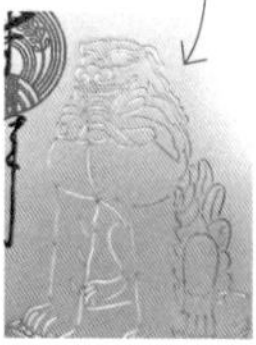

まるでアートのような美しさ！ 正月や5月の大祭など、期間限定で授与していただける切り絵のご朱印は、SNSなどでも話題です。

MARIKO's
ご朱印帳

「榛名神社」のご朱印帳が1冊目。いちばんのお気に入りは漫画家の萩尾望都さんデザイン（左）。箱に入れてプチ神棚に置いています。

桜《さくら》神《じん》宮《ぐう》

お花のバリエが♪

月替わりデザインのご朱印がいただけますが、毎年3月は桜の柄。神宮名にちなんで、3月に訪れるご朱印収集家も多いようです。

MARIKOさんの地元！ 大自然を感じるスポット

私が好きな神社は、自然と神殿が一体化しているようなところ。「この自然の中に神様がすんでいらっしゃるのか…」と思うと、畏敬の念を抱かずにはいられません。このようなところでは、四季があたりまえに巡ることに感謝をするとともに、心をフラット＆クリアにすることができます。

地元、秋田県には自然を感じられる神社が。右は森子大物忌神社、左は唐松神社

TOKYO
SHRINES
TEMPLES

拝観指南

伍、今さら聞けない!? 参拝お作法

◉基本を押さえてリスペクトをもってお参り。それですべてOK！

神様仏様に愛されるスマートな参拝

神様や仏様の家である神社や寺に「お邪魔させていただく」のだから、しっかりとマナーを守って参拝するのが鉄則。神仏もきっと参拝に来た人たちを見ているはず。難しく考えずに「尊敬する先輩の家に行った」と思って参拝すればOK！少し間違っても問題ナシです。常識をもって参拝したいものです。

まずは境内に入る前にご挨拶。その後に身を清めるのは家で手を洗うのと同じ感覚。神仏の前ではそれぞれの礼儀に従って！最後に挨拶をすれば完璧です。敬意をもって、心から参拝すれば神仏も助けてくれるはず？

＼気をつけて！コレは絶対NG／

ペットと一緒に同伴参拝

一部の社寺では認められているケースもあるが、一般的にはNG。ほかの参拝者とのトラブル防止のためにも、飼い主が節度をもって対応したい。

境内での食べ歩き

境内は神聖な場所。決められた場所以外での飲食は控えて。また、参道途中にある飲食店やおみやげ店には、神仏へ参拝してから行くのがマナー。

ご朱印だけいただく

「スタンプラリー」のようになってしまいがちなご朱印集め。本来は写経の証しとして普及したご朱印だけに、参拝せずにいただくなんて絶対ダメ！

お参りの流れ

素敵な大人はスマートに！ 事前に確認しておこう。

寺院編

1 山門前で合掌したまま一礼、敷居を踏まないように境内へ

2 手水で手と口を清める
※手順は神社編と同じ

3 お賽銭を納める
※手順は神社編と同じ

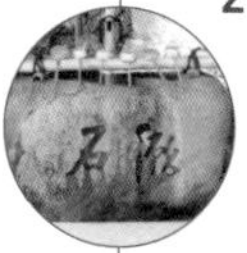

4 焼香もしくは、線香を供える

[焼香の手順]
① 右手の人差し指、中指、親指で香をつまむ
② 左手を添えて額の前に掲げる
③ 香炉へ入れる
※ 寺や宗派によって複数回行う場合も。わからなければ1回でOK

[線香の手順]
① 備え付けのろうそくで火をつける
② 手で仰いで消す
③ 線香台へ供える
※ 線香の火を息で吹き消すのは厳禁

5 合掌して一礼。お願いごとやお礼をする
※ 柏手を打たないように注意！

6 山門を出る際に、合掌して本堂へ一礼する

※ 寺や宗派によって異なる場合がある

神社編

1 一礼して鳥居をくぐり、真ん中は避けて参道を歩く

2 手水で手と口を清める
① 左手を洗う
② 右手を洗う
③ 柄杓の水を左手で受けて、口を洗う
④ もう一度左手を洗う
⑤ 右手で柄杓を持ったまま、柄ごと右手を洗う
※ 柄杓一杯でここまで行う
※ 感染症拡大防止のため柄杓を置いていない神社もあり

3 拝殿に進み、鈴を鳴らしてお賽銭を納める
お賽銭を投げ入れるのはNG。そっと賽銭箱へ

4 拝礼する（二礼二拍手一礼）
① 深く（90度）丁寧に2回お辞儀
② 姿勢を正してゆっくり2回手を打つ
※柏手ともいう、その際に右手を少し引いてずらして打つのがポイント
③ 祈る
④ 最後にもう一度深く（90度）丁寧に1回お辞儀

5 お辞儀をして下がる

6 鳥居から出る際も本殿に向かって一礼する

そもそもココって…

お寺？神社？

神社と寺の一番の違いは入り口にあり！ 鳥居があるのが神社で山門があるのが寺だ。詳しくはP.7を確認。

\ お参りのあとのお楽しみ /

参道散策
いろいろな店が並ぶ参道散策も参拝の楽しみの一つ。名物をぜひ！

ご朱印
ご朱印は参拝してから。いただくページを事前に開いて渡すとスマート

おみくじ
神仏からのお言葉をいただけるおみくじ。一喜一憂せずに受け止めて

素敵な大人はやっている！ 参拝準備

気持ちよく参拝するためにも、知っておきたい予備知識。
持ち物や服装のマナーは、日常生活にも生きてくる！

持ち物CHECK

マストなものから、あると便利なものまで！ 現金（特に小銭）を忘れずに。

マストなもの

- □ 現金（特に小銭）
- □ ハンカチ、ミニタオル
- □ ご朱印帳（必要な人のみ）
- □ スマートフォン

あると便利なもの

- □ 小さな雨具
- □ オペラグラス
- □ 水やお茶
- □ エコバッグ

服装CHECK

社寺巡りは意外と歩くので、歩きやすく、神様・仏様に失礼のない服装を！

- □ 露出の少ない、動きやすい服
- □ 体温調節しやすい上着を持参
- □ バッグは手が自由になる大きめを
- □ 短すぎないボトムスがベター
- □ 脱ぎやすく歩きやすい靴
- □ 素足はNG！

知っておきたい参拝Q&A

社寺への参拝方法…実は知らないアレコレをここで解決！

Ⓠ お賽銭はいくら納めるのが正解？

Ⓐ 金額よりも気持ち重視で！

高額であればいい！ というものではないので「お気持ち」で。願いが叶った際のお礼時にも納めて。

Ⓠ おみくじは結ぶもの？

Ⓐ 結んでも持ち帰ってもOK

おみくじは内容を生活に生かすことが重要。結ぶ場合は、境内の決められた場所に結んで。

Ⓠ 境内での撮影はNG？

Ⓐ 各社寺のルールに従って

拝殿内や本殿前は撮影NGな社寺も。自撮り棒や三脚、フラッシュは基本的に使用しないで！

CHAPTER 2

東京のビッグ15

皇居の周りをぐるッと一周!

東京十社巡り

東京の社寺巡りで最初に訪れたいのがこの十社。皇居を守っているとも言われる由縁を解説!

東京の社寺巡りって、どこが有名なの?
まず行っておきたいのは「東京十社」ダヨ
じゃあ ココ!

東京十社はこの神社ダヨ
スィー
神田神社
神田神社 P.20
赤坂 氷川神社 P.24
芝大神宮 P.28
永田町 日枝神社 P.32
亀戸天神社 P.36
富岡八幡宮 P.38
品川神社 P.40
根津神社 P.42
白山神社 P.44
王子神社 P.45

へぇーー
聞いたことのある神社がいっぱいだ!
明治天皇が東京を守るために定めた神社なんダヨ
東京十社は、明治天皇が東京を鎮護するためと、万民安寧のために自ら選定を行った神社。皇居を囲むように建っている。

東京十社は結界を張って皇居を守っているんだよ！
赤坂氷川神社
(1)永田町日枝神社
品川神社
芝大神宮
白山神社
王子神社
根津神社
(2)神田神社
富岡八幡宮
亀戸天神社
※諸説あり
(1) 永田町 日枝神社
「江戸城の鎮（しずめ）」と称され、
西側の裏鬼門を守る。
(2) 神田神社
皇居の鬼門にあたる場所にある神田神社。
江戸城拡張時に現在の場所に遷座。
順番とか守らないとダメなのかな…？
うーん…
全然！
今は自由に巡れるから楽しいよ！限定絵馬もあるから行ってみよう！
王子神社
東京十社めぐり
限定御朱印帳
(1200円)
限定ミニ絵馬
(各300円)
かわいいねー

神《かん》田《だ》神《じん》社《じゃ》（神田明神）

今日も東京の街を守る江戸の総鎮守

神田明神の名で親しまれている神田神社。例祭の「神田祭」（→P.220）が有名で、神田、秋葉原、日本橋、大手町、丸の内…と東京の中心エリアをカバーする江戸総鎮守。

もともとの創建は大手町・将門塚付近。平将門[1]を祀ることから徳川家康が関ケ原の戦いの戦勝祈願に立ち寄ったという逸話も。勝利した日が神社の祭礼日だったことで、江戸幕府が尊崇し、元和二[2]（一六一六）年に江戸城の表鬼門の守り神として現在の地に遷座。

ココがすごい ☑江戸の総鎮守 ☑江戸三大祭り

いなせな祭りを司る！江戸っ子たちの守り神

東京十社

銅でできた神田神社の鳥居。2層建ての豪華な随神門（写真上）手前にある

注目KEYWORD

1
【平将門《たいらのまさかど》】
桓武天皇の血筋を引く。一族間の争いから朝敵となり、自ら新皇と名乗るも非業の死を遂げた。

2
【江戸城《えどじょう》の表鬼門《おもてきもん》】
徳川家は風水を意識して都市を整備。神田神社は江戸城の北東（表鬼門）で邪気の侵入を防ぐ役目が。

神田神社

MI DO KO RO MAP

神田神社は縁結びや商売繁盛にご利益があると言われるパワースポット。朱色で豪華な社殿内や2階建ての随神門など見どころがいっぱい。えびす様尊像は唯一無二のアートなデザインで人気なほか、小説でおなじみ銭形平次の碑もある。神社は夜遅くまでライトアップされ、幻想的な雰囲気のなかで参拝できる。

A 神殿《しんでん》

昭和9（1934）年竣工の鉄骨鉄筋コンクリート造り。権現造が特徴的

B 随神門《ずいしんもん》

総檜・入母屋造り。四神（朱雀・白虎・青龍・玄武）などを彫刻している

C 末廣稲荷神社《すえひろいなりじんじゃ》

宇迦之御魂神（うかのみたまのかみ）が祭神。商売繁盛にご利益が

E 水神社《すいじんじゃ》
（魚河岸水神社《うおがしすいじんじゃ》）

日本橋に魚市場があった頃に徳川家の武運と大漁安全を祈願し創設

D 大公孫樹《おおいちょう》

江戸時代の植樹で災厄をくぐり抜けてきたご神木。災難除けや縁結びのご神徳が

見逃せない!!!

Ⓘ銭《ぜに》形《がた》平《へい》次《じ》の碑《ひ》

平次が活躍した場所に立つ！

小説『銭形平次捕物控』の舞台は神田明神界隈。その縁で日本作家クラブが建立。

Ⓗ神《かん》田《だ》の家《いえ》 井《い》政《まさ》

江戸の面影を残す材木商の店兼住宅

江戸城築城のため鎌倉材木座から移った遠藤家。神田明神氏子総代でもあった。

おたのしみ

歴史を感じる甘酒を！

天《あま》野《の》屋《や》

弘化3（1846）年の創業以来、鳥居横で営業。地下約6mの天然土室で作られる糀を熟成した甘酒は絶品！

千代田区 TEL 03-3251-7911

千代田区外神田2-18-15／10:00～17:00／火曜（祝日の場合は営業）／Pなし

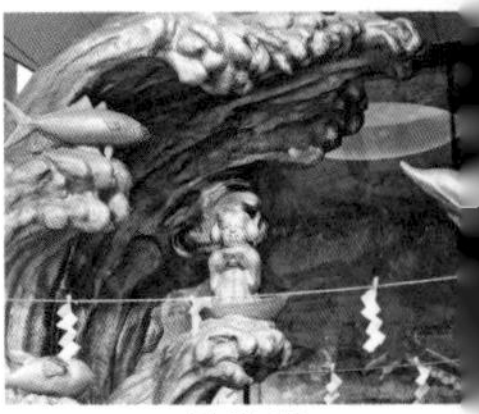

Ⓕえびす様《さま》尊《そん》像《ぞう》

海の仲間に守られて大海原を渡るえびす様。イメージを一新するかわいらしい尊像

Ⓖだいこく様《さま》尊《そん》像《ぞう》

高さ6.6m、重さ約30tで、石造りとしては日本一の大きさを誇るという

◆創建：天平2（730）年、出雲氏族の真神田臣により千代田区大手町・将門塚周辺に創建。元和2（1616）年、現在の地に遷座 ◆祭神：大己貴命（おおなむちのみこと）、少彦名命（すくなひこなのみこと）、平将門命◆拝観所要時間：1時間 ◆「神田祭」（→P.220）は「日本三大祭り」「江戸三大祭り」の一つ

千代田区 TEL 03-3254-0753

千代田区外神田2-16-2／境内自由　＊23:00に消灯　（昇殿の参拝受付時間は9:00～16:00）／JR各線御茶ノ水駅から徒歩5分／無休／10台（参拝者は無料）

一部不可

あわせて寄りたい!!!

将《まさ》門《かど》塚《づか》

さまざまな逸話を残す平将門の首を祀る墳墓

将門の首が怨念により平安京から故郷の東国へ戻る際、この地に落ちたと言われる。その後、災いが生じたため真教上人が将門の御霊を供養。

千代田区　千代田区大手町1-2-1／24時間／東京メトロ各線大手町駅から徒歩すぐ／Pなし

東京十社

②／十

赤坂 氷《ひ》川《かわ》神《じん》社《じゃ》

吉宗が建立した当時の姿を残す社

赤坂 氷川神社は赤坂・六本木エリアの氏神。都会的な華やかな雰囲気とは打って変わって、神社への階段を上がるとそこは別世界。自然豊かな空間が広がり、ゆったりとした時間が流れている。

徳川吉宗[1]が建てた社殿は震災や戦災を逃れた建立当時のものが残る。境内には江戸の年号を刻んだものが数多くあり、古都の風情たっぷり。社宝の花鳥図[2]など見どころが多く、ゆっくり時間をとって訪れたい場所だ。

ココがすごい ☑ 江戸時代建立の社殿が現存

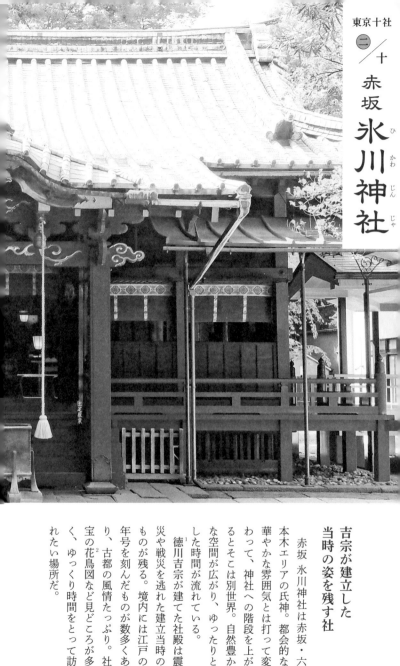

都会の癒し♡江戸の風を感じる最強スポット

注目KEYWORD

1
【徳川吉宗《とくがわよしむね》】
赤坂 氷川神社は吉宗が生まれた紀州徳川家の中屋敷の産土神《うぶすながみ》で、将軍になり現在地に社殿を造営。

2
【花鳥図《かちょうず》】
昭和四（一九二九）年に奉納された社殿の天井絵。長寿や子孫繁栄などの願いが込められている。

遷座200年を記念して日本画家の長華崖（ちょうかがい）が奉納

赤坂

氷川神社

MI DO KO RO

MAP

まずは、吉宗が江戸幕府八代将軍になったことを機に造営を命じた社殿をチェック。質素倹約の時世だけに、どんな造りか気になるところ。また、江戸の年号を残す鳥居、狛犬、石灯籠も見逃せない。そして、歴史ファンなら訪れたいのが「四合稲荷」。名付けの親は勝海舟。名前の由来に、センスを感じるかも!?

Ⓐ四合稲荷《しあわせいなり》

明治31（1898）年に四社を合祀。「四社を合祀」「しあわせ」「志を合わせる」から命名

Ⓒ九神社《くじんじゃ》

境内各所にあった天祖神社、春日神社、鹿島神社など九社を合祀。各神社への遥拝所でもある

Ⓑ鳥居《とりい》

境内には南と東の参道に2基ずつ大きな鳥居がある。「山口稲荷」の鳥居には江戸の年号がある

おたのしみ

乙女はいつでも恋をしたい
縁結び参り

夫婦の素盞嗚尊・奇稲田姫命、国造りの大己貴命を祀る、「東京三大縁結び」神社の一つ。恋愛、友人、家族、学業などの縁をつかさどる。

桃《もも》の節供《せっく》の縁結《えんむす》び参《まい》り　桃の節句ならではの女性限定の神事。「貝合はせの儀」を行ない、願いを込めて奉製・お清めをした貝合はせ守を授与。

星合《ほしあ》ひの縁結《えんむす》び参《まい》り　「織姫のお針箱」を神前にお供えして裁縫の上達と、男女の良縁を祈る神事や、星合ひ守の授与がある。女性限定。

さくらんぼ結び

運命の人へ導くという赤い糸をつけた、さくらんぼ結び。境内の「願の木」に結んで願掛けを。

人とのご縁や繋がりを表す七宝文様のお守

末永く続く幸せと素敵な人との出会いを祈願

◆創建：天暦5（951）年、蓮林僧正により現在の赤坂4丁目付近に創建。享保14（1729）年に徳川吉宗の命により現在地に社殿を造営 ◆祭神：素盞嗚尊（すさのおのみこと）、奇稲田姫命（くしいなだひめのみこと）、大己貴命（おおなむぢのみこと） ◆拝観所要時間：1.5時間 ◆社殿は幾度もの災禍を逃れ、創建当時の姿を残す。東京都の有形文化財（建造物）

港区　TEL 03-3583-1935

港区赤坂6-10-12／6:00～17:30（社務所受付は9:00～17:00）／境内自由／東京メトロ千代田線赤坂駅から徒歩8分／無休／40台

一部不可

D 社殿《しゃでん》

幕府の倹約政策により質実・簡素な気風だが、重厚な意匠が取り入れられている

E 石灯籠《いしどうろう》

石の台灯籠が境内に7対あり、中門前の灯籠は遷座を担当した老中・水野忠之が奉納した

F 包丁塚《ほうちょうづか》

使い古した包丁に感謝し、調理した動物や魚の霊を慰める。毎年10月に包丁塚祭がある

G 狛犬《こまいぬ》

境内には7対もの狛犬が。中門両脇の狛犬は現存する石造狛犬のなかでは都内神社最古とされる

東京十社

三／十

芝《しば》大《だい》神《じん》宮《ぐう》

オフィス街を照らす太陽神
「関東のお伊勢様」

ココがすごい ☑関東のお伊勢様

平安時代に創建。鎌倉時代には源頼朝の尊崇、江戸時代には幕府の保護を受け関東一円の信仰を集めた

ビル街に突如出現！千年の歴史の宮

平安時代に創建の歴史ある古社。祭神に天照皇大御神[1]を祀り「関東のお伊勢様」と崇敬を集めている。かつては神社の周辺に生姜畑が広がり、その生姜は神社にも供えられていたそう。例祭の「だらだら祭り」（→P.２３４）は別名「生姜まつり」。

そんなのどかな風情の一方で、江戸時代には町火消し「め組」[2]と力士の大乱闘もあった。この事件は通称「め組の喧嘩」。歌舞伎や講談、芝居の題材にもなっている。

歌川広重も錦絵に描いた江戸の名所。現在も地元の人の信仰が篤い

注目KEYWORD

1 【天《あま》照《てら》皇《す》大《おお》御《み》神《かみ》】
皇室の祖先とされ、伊勢神宮に祀られている神様。「天岩戸神話」で知られる。

2 【め組《ぐみ》】
八代将軍吉宗の時代に始まった町火消し。「いろは四八組」のひとつで隅田川から西の地区を担当。

芝大神宮

MI DO KO RO MAP

震災や戦災などのたびに再建してきた芝大神宮。境内の社は本殿に合祀され、境内は縮小しても魅力は十分。伊勢信仰を象徴する神明造りの社殿を中心に、生姜塚、名前が気になる貯金塚などが点在。宝くじ発祥の地とも言われ、宝くじ関係者も参拝に訪れるそう。

夕方に灯されるかがり火も幻想的で美しい！

Ⓐ貯金塚《ちょきんづか》

関東大震災で貯金の払い戻しに応じ、東京復興に貢献した不動貯金銀行（現在のりそな銀行）の創業者を称えた碑。お金にご利益があると言う

Ⓒ生姜塚《しょうがづか》

神社創建当初から生姜と縁が深く、生姜を神前に供えたり、食べたりすると風邪にかかりにくいとされた。黒い石碑に金色の文字がまぶしい

おたのしみ

千木筥のお守り

ちぎばこ

藤の絵の曲げ物を3段重ねた、振るとカラカラと音がする縁起物。「千木」が「千着」に通じ、衣装が増える、良縁に恵まれることを願う。

生姜飴のおまけ付き

ご朱印

通常のご朱印をはじめ、9月のだらだら祭り（→P.234）、東京十社巡りのご朱印など多彩。ご朱印には生姜ののど飴が付く。

あわせて寄りたい!!!

芝《しば》明《みょう》神《じん》商《しょう》店《てん》街《がい》

神社の門前で
江戸時代から続く

都営地下鉄大門駅近くは門前町として繁栄。現在、店の数は多くはないが、芝大神宮へ向かう参道の手前にある商店街は、往時をしのんで覗きたい。

見逃せない!!!

め組《ぐみ》の喧《けん》嘩《か》

大乱闘の舞台がココ！

文化2（1805）年、相撲興行をただで見ようとした「め組」と、それをいさめた力士の喧嘩を今に伝える。

Ⓑ鳥《とり》居《い》

どっしり構えた石の大鳥居。伊勢神宮にならった神明鳥居で、直線的なシンプルな形が特徴。現在の鳥居は平成になってから造られたもの

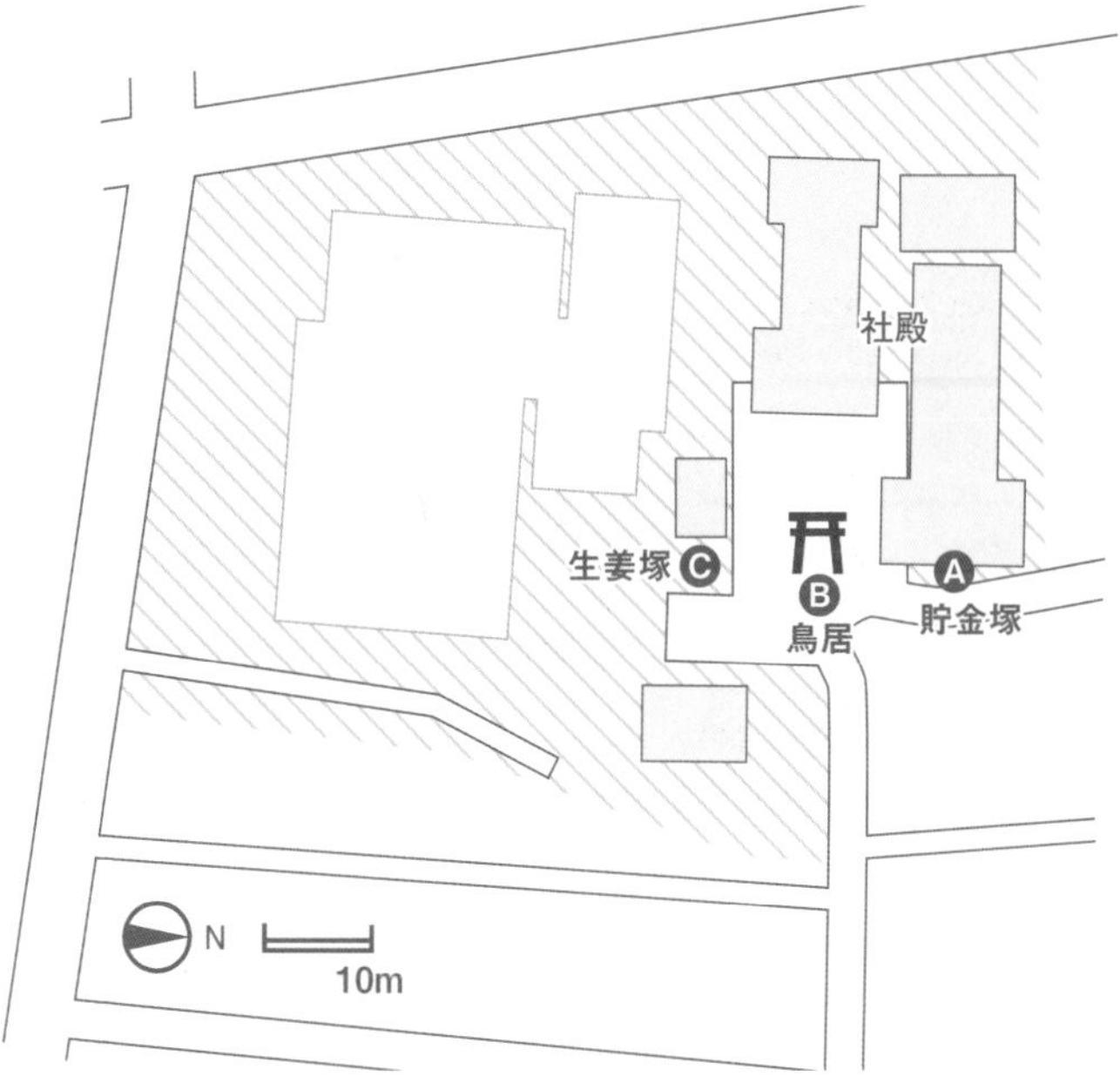

港区 **TEL 03-3431-4802**

港区芝大門1-12-7／9:00～17:00／境内自由／都営地下鉄大江戸線大門駅から徒歩1分／無休／20台

◆創建：寛弘2（1005）年創建。古くは芝神明宮、飯倉神明宮とも呼ばれた ◆祭神：天照皇大御神、豊受大神（とようけおおみかみ） ◆拝観所要時間：1時間 ◆縁結び、商売繁盛のご利益があるとか。江戸時代、富くじが売られていた場所で宝くじ発祥の地でもある

東京十社 四/十

永田町

日《ひ》枝《え》神《じん》社《じゃ》

江戸の入府から見守る徳川家ゆかりの神社

「山王さん」と親しまれる日枝神社。緑を残す丘の上にあり、周辺のビルとのコントラストが印象的。この神社で興味深いのは狛犬ではなく猿（神猿）[1]が置かれていること。猿は祭神・大山咋神《おおやまくいのかみ》の使いとされ、本殿に向かって左が母猿、右が父猿。参拝者が縁起を担いで像をなでていく。

江戸城の鎮守神・将軍家の産土神[2]で、現在は「皇城の鎮」として皇居を守護。江戸三大祭りに数えられる例祭の山王祭（→P.224）も盛大。

ココがすごい ☑徳川家の産土神 ☑江戸三大祭り

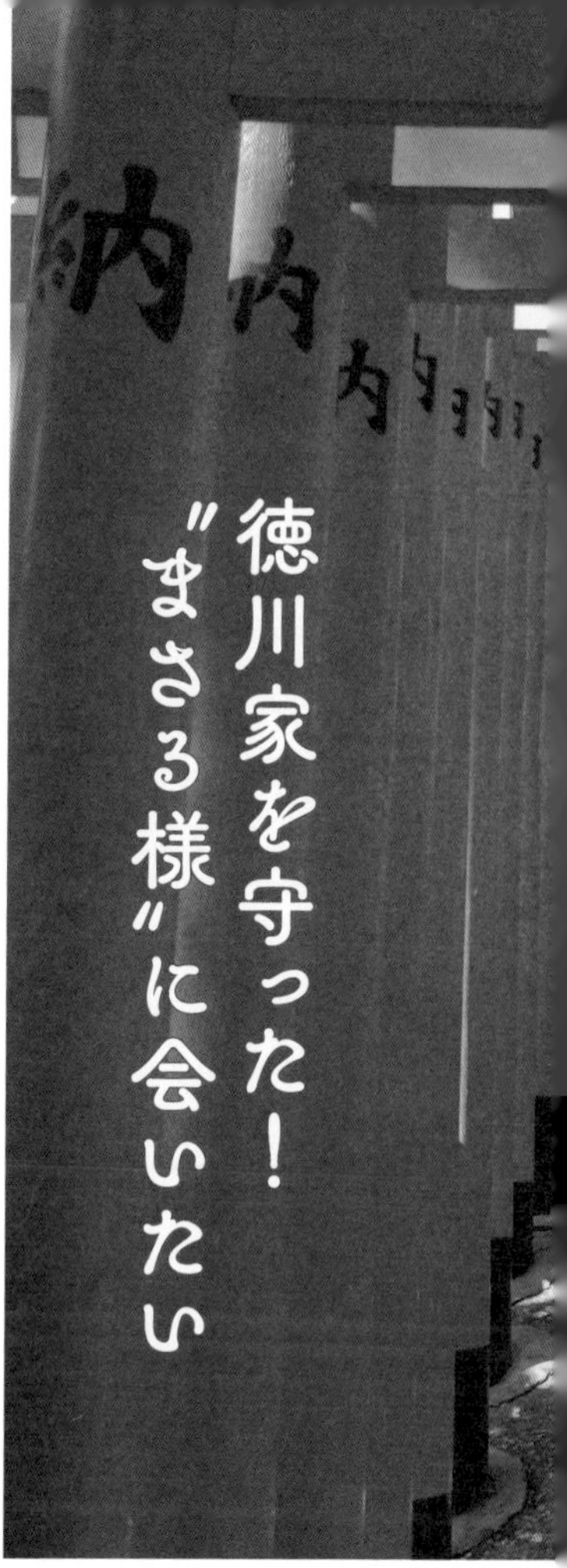

徳川家を守った！“まさる様”に会いたい

注目KEYWORD

1
【神猿《まさる》】
「勝る」「魔が去る」、音読みの「えん」から商売繁盛や縁結びに結びつけて祈願する人も多い。

2
【産土神《うぶすながみ》】
生まれた土地の守護神。永田町 日枝神社は徳川の産土神で、家光誕生の際も初宮詣でをした。

本殿へはいくつかの参道ルートがあり、山王稲荷神社に続く稲荷参道は千本鳥居で有名。エスカレーターを備えた山王門も

◆創建：鎌倉時代に江戸氏が山王宮を祀り、その後文明10（1478）年に太田道灌が川越から山王社を勧請し、江戸城内に日枝神社を祀ったことが始まり ◆祭神：主祭神／大山咋神（おおやまくいのかみ）、相殿／国常立神（くにのとこたちのかみ）、伊弉冉神（いざなみのかみ）、足仲彦尊（たらしなかつひこのみこと）◆拝観所要時間：1.5時間 ◆宝物殿には国宝・重要文化財のほか、徳川将軍家ゆかりの宝物を所蔵

千代田区 **TEL 03-3581-2471**

千代田区永田町2-10-5／6:00～17:00（授与所・朱印所は8:00～16:00、祈祷受付・宝物殿は9:00～16:00）／境内自由／東京メトロ千代田線赤坂駅から徒歩3分／無休（宝物殿は火・金曜）／20台

一部不可

永田町
日枝神社

MI DO KO RO MAP

日本の政治の中心・永田町に建つ日枝神社。堂々とした佇まいで、強力なパワースポットと言われる社には政財界の崇敬者が多いのも納得。本殿へ向かうルートは表参道の男坂だけでなく、千本鳥居のある稲荷参道、そして山王橋の西参道からはエスカレーターで上れるなど多彩。神猿像に会いに、どこから向かう？

Ⓐ千《せん》本《ぼん》鳥《とり》居《い》

末社の山王稲荷神社、八坂神社、猿田彦神社に続く稲荷参道にある。不思議な異空間

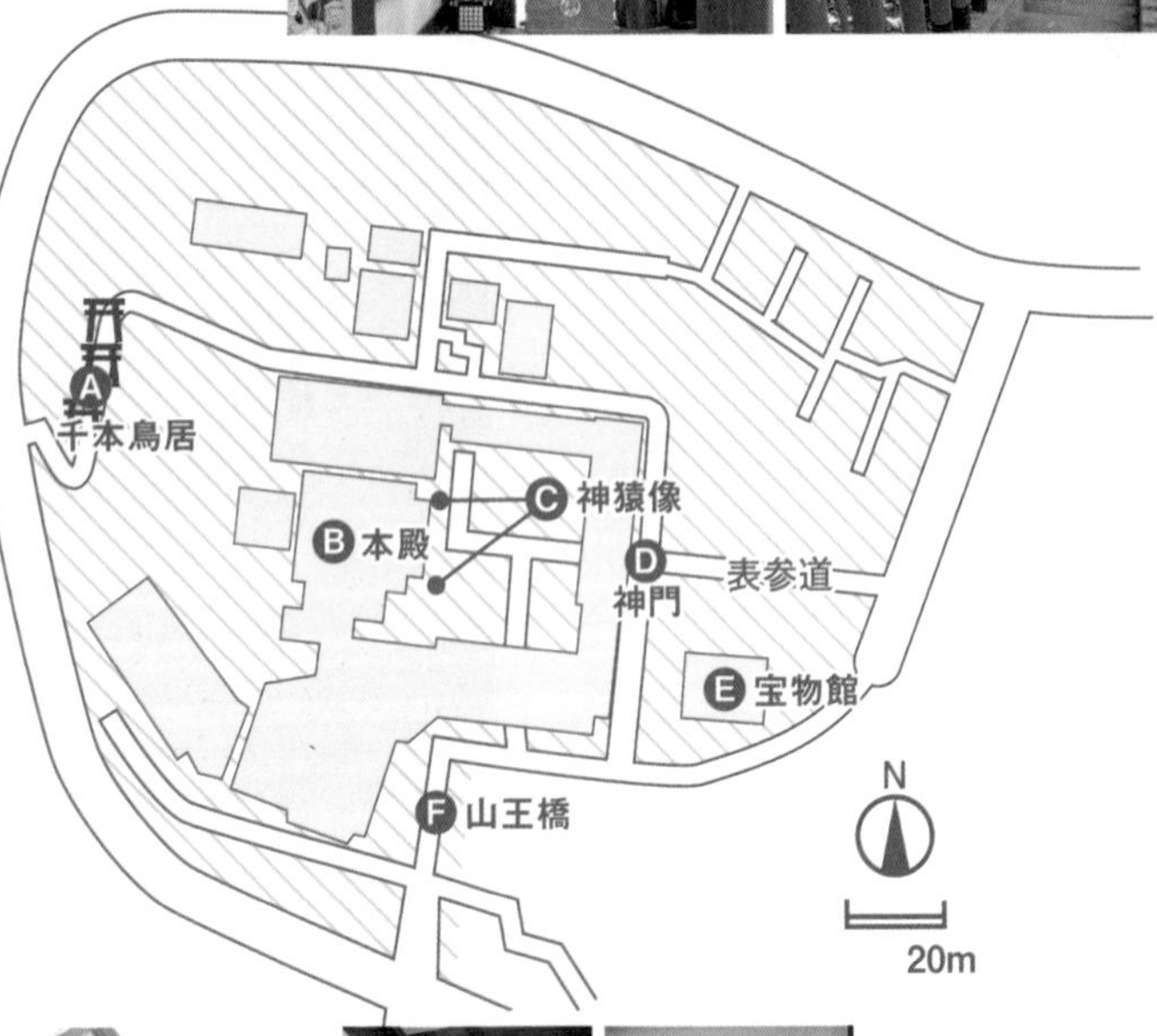

Ⓓ神《しん》門《もん》

神門の表側には弓を持って見張る随身の像。内側にはやはり(?)装束を着た母親と父親の神猿像が

見逃せない!!!

山《さん》王《のう》鳥《とり》居《い》

三角形の独特な形は山王信仰の象徴

明神鳥居に三角形の破風を乗せた山王鳥居。仏教と神道が合体した神仏習合（→P.244）を表す山王信仰を表している。

Ⓑ本《ほん》殿《でん》

神の使いの神猿像を左右に携え、江戸城（皇居）から裏鬼門の方角にあり、東京を守護

社《しゃ》殿《でん》天《てん》井《じょう》絵《え》

上下拝殿の天井を彩る

社殿復興50年を記念。神社草創期の武蔵野にあった百花草木に鳥虫を加えた123枚の絵が天井を装飾。

Ⓒ神《ま》猿《さる》像《ぞう》

商売繁盛、厄難消除を願うなら父猿（上）、家内安全、子授け祈願なら母猿をなでて

おたのしみ

神猿様を持ち歩き♪

まさる守《まもり》

神猿様の形をしたお守りは持ち歩くだけでハッピーな気分になりそう。勝る（まさる）パワーを授かろう。小各600円、大各800円。

Ⓕ山《さん》王《のう》橋《ばし》

ゆるやかな大階段の横にはエスカレーターを併設。由緒ある神社にハイテク感がプラスされていてユニーク

Ⓔ宝《ほう》物《もつ》館《かん》

徳川家康の朱印状や、山王祭を描いた錦絵など、国宝や重要文化財を含む貴重な品を展示している

東京十社

五／十

亀戸《かめいど》天《てん》神《じん》社《しゃ》

ウソをハッピーに変える天神様は、お花好き

いつ訪れても楽しめる学問の神様

「亀戸の天神様」「亀戸天満宮」などと呼ばれ親しまれている亀戸天神社。菅原道真を祀り、九州の太宰府天満宮に対して東宰府天満宮と称されていたこともある。早春は梅、春の半ばは藤、秋は菊で境内が華やぎ、花の天満宮に多くの人が訪れる。人気の祭事もたくさん。

太宰府天満宮にならって造られた境内は美しい庭園のよう。朱色の太鼓橋や神牛と呼ばれる撫牛など、見どころ&フォトスポットが満載。

ココがすごい　☑花天神　☑菅原道真

おたのしみ

まめに通って楽しんで!
注目のお祭り

1月24・25日
うそ替《か》え神事《しんじ》
木彫りのウソ（鷽）を毎年交換し、災厄をウソにして吉事に取り（鳥）替え、縁起を担ぐ。

4月中旬～下旬
藤《ふじ》まつり
境内に50株以上あり東京一の藤の名所としてにぎわう。日没後は藤棚のライトアップも。

10月下旬～11月中旬
菊《きく》まつり
梅同様に菊も好んだ菅原道真。展示される色とりどりの菊が見事。

太鼓橋《たいこばし》
本殿へ続く三つの橋のうち最初と最後が太鼓橋。各々過去・現在・未来を意味し、人の一生を表している

神牛《しんぎゅう》
牛は天神様のお使いと言われる。願いを込めて優しく触れることで、病を治し知恵を授けてくれるとか

◆創建：寛文2（1662）年、菅家の後裔、菅原大鳥居信祐が太宰府天満宮にならって造営 ◆祭神：天満大神（てんまんおおかみ）、天善日命（あめのほひのみこと）◆拝観所要時間：1時間 ◆九州太宰府天満宮に対して「東宰府天満宮」「亀戸宰府天満宮」と呼ばれたことも。関東三大天神、江戸三大天神、東都七天神の一社に数えられる

江東区 TEL 03-3681-0010

江東区亀戸3-6-1／境内自由（本殿の開門は6:00～17:00）／JR総武線亀戸駅から徒歩15分／無休／20台

一部不可

富《とみ》岡《おか》八《はち》幡《まん》宮《ぐう》

祭り好きの江戸っ子もラブ
江戸最大の八幡様

ココがすごい ☑深川の八幡様 ☑伊能忠敬

地域に溶け込み愛され感も抜群！

境内に凛とした空気が流れる富岡八幡宮。将軍家の庇護を受けた江戸最大の八幡宮は「深川の八幡様」と庶民にも親しまれてきた。その熱気が炸裂するのが毎年8月15日を中心に行われる「深川八幡祭り」（→P.227）。三年に一度の威勢のいい水かけは、聴衆との一体感が楽しめる。

現在の大相撲につながる江戸勧進相撲発祥の地であるほか、伊能忠敬が測量旅行の出発前に安全を祈願したとも。江戸っ子が愛する八幡様だ。

◆創建：寛永4（1627）年、当時永代島と呼ばれていた現在地にご神託により創建 ◆祭神：応神天皇（おうじんてんのう） ◆拝観所要時間：1時間 ◆江戸最大の八幡様。毎月1・15・28日の月次祭には門前仲町駅周辺に露店が立ち並ぶ。そのほか、フリーマーケットや骨董市も定期的に開催

江東区

TEL 03-3642-1315

江東区富岡1-20-3／境内自由／東京メトロ東西線門前仲町駅から徒歩3分／無休／40台

一部不可

横綱力士碑《よこづなりきしひ》

大きな石碑には初代から72代まで横綱の四股名が刻まれている。新横綱誕生の際は土俵入りが奉納される

神輿庫《しんよこ》

日本一の黄金神輿と言われるご本社一の宮神輿。金銀宝石がちりばめられていて圧倒的な豪華さ！

伊能忠敬銅像《いのうただたかどうぞう》

江戸時代の測量家・伊能忠敬。銅像の近くにはGPSによる国家基準点（位置の観測施設）もある

おたのしみ

特別感満載！

限定ご朱印

正月や夏に限定ご朱印が出る。毎年デザインが変わるので、こまめに足を運びたい。初穂料500円。

夏の風物詩は必見！

深川八幡祭《ふかがわはちまんまつ》り

例大祭の水かけまつりは「江戸三大祭り」の一つ。神輿の担ぎ手への豪快な水かけは圧巻！（→P.227）

品《しな》川《がわ》神《じん》社《じゃ》

平安時代から続く北品川の守り神

双龍鳥居が堂々と構える品川神社は創建８００年を超える古社。徳川家康の戦勝祈願をはじめ、源頼朝も現神社の前身にあたる洲崎明神で参拝した後、反撃を開始したそう。ゆえに「祈願成就」「再生」のご利益があるのだとか。

明治二（一八六九）年に築かれた富士塚は、23区に残る「江戸七富士」の一つ。富士山の熔岩が供えられた富士塚に登ってみるのもいい。

鳥居も富士塚も！
見どころ満載の鎮守神

ココがすごい ☑双龍鳥居 ☑富士塚

神聖な空気が流れる上社と下社。特に一粒万倍日は、金運の向上を願う参拝者が多く訪れる

金運上昇を願うなら阿那稲荷神社へ

朱色の鳥居が連なる先に鎮座する阿那《あな》稲荷《いなり》神社《じんじゃ》。天の恵みの霊が祀られている上社でお参りをしてから、地の恵みの霊とご神水が祀られている下社へ。「一粒萬倍のご神水」でお清めしたお金は門前の商店街で使うといいそう。

双龍《そうりゅう》鳥居《とりい》

一の鳥居の左右にそれぞれ彫刻された昇龍と降隆。双龍鳥居は都内に3社あるなかで最も古いものとされる

大《だい》黒《こく》天《てん》像《ぞう》

東海七福神のなかの大黒天を祀る。階段を上った先には東海七福神巡り発祥の碑も

見逃せない!!!

富《ふ》士《じ》塚《づか》

富士山登山と同じだけのご利益アリ

高さ15mと都内最大級を誇る富士塚。頂上からの見晴らしもよく、登りきると爽快！

品川区

TEL 03-3474-5575

品川区北品川 3-7-15／境内自由（社務所は9:00～17:00）／京急本線新馬場駅北口から徒歩1分／無休／5台

◆創建：文治3（1187）年創建。源頼朝が安房国の洲崎明神の天比理乃咩命をお迎えして海上交通安全と祈願成就を祈ったのが始まり ◆祭神：天比理乃咩命（あめのひりのめのみこと）、宇賀之売命（うかのめのみこと）、素盞嗚尊（すさのおのみこと）◆拝観所要時間：45分 ◆平安末期に創建し、戦国時代には徳川家康が関ケ原の戦いの前に戦勝祈願をしたという、歴史とともに生きる神社

根《ね》津《づ》神《じん》社《じゃ》

つつじの群れも美しく
歴史の風格が漂う

緑豊かな鎮守の杜に囲まれた根津神社。つつじの名所（→P.217）でもあり、花の季節には文京区の「つつじまつり」の会場として多くの人でにぎわう。朱色が美しい千本鳥居とのコントラストも目を見張る。

徳川綱吉による権現造りの本殿や楼門など七つの建築が現存し、国の重要文化財を間近に見られるのも魅力。約1900年の歴史を誇る社はどこもフォトジェニック。

重文のオンパレード！
由緒あるジェニック・スポット

ココがすごい　☑重要文化財が多数　☑千本鳥居

楼門《ろうもん》

江戸の神社で唯一現存する楼門は国の重要文化財。安置してある随身の右側にある像は、水戸光圀（水戸黄門）がモデルと言われている

唐門《からもん》

唐門から左右にのびる透塀が社殿を囲む。現存しないが唐門の天井には墨絵の龍が描かれていたそう

見逃せない!!!

千本鳥居《せんぼんとりい》

風情漂う空間

池を見下ろす舞台造りの乙女稲荷に通じる参道。朱塗りの鳥居が幾重にも連なり情緒豊か。

月次花御札《つきなみはなみふだ》

毎月集めたい！

季節の花が描かれた木札のお守り。月替わりで部屋に飾ることで邪気を払うとされる。

文京区 TEL 03-3822-0753

文京区根津1-28-9／9:30～17:00（唐門の開門は6:00～）／東京メトロ千代田線根津駅から徒歩5分／無休／Pあり

一部不可

◆創建：1900年ほど前、日本武尊が千駄木に創建。太田道灌による社殿造営ののち、徳川綱吉により現在地に社殿を奉建 ◆祭神：主祭神／須佐之男命（すさのおのみこと）、大山咋命（おおやまくいのみこと）、誉田別命（ほんだわけのみこと）、相殿／大国主命（おおくにぬしのみこと）、菅原道真 ◆拝観所要時間：1時間30分 ◆宝永3（1706）年に完成した権現造りの本殿・幣殿・拝殿・唐門・西門・透塀・楼門が欠けずに現存、国の重要文化財

白《はく》山《さん》神《じん》社《じゃ》

スピ的！1000年の歴史を感じる

あじさいが美しい 静かに佇む千年の古社

天暦二（九四八）年創建。あじさいで有名で、季節になると約３千株が古社を彩り「文京あじさいまつり」の会場になる。境内には金色の目の狛犬が鎮座するほか、桜が有名な八幡神社、お酒の神様・関東松尾神社などが点在。

◆創建：天暦２（948）年、加賀一宮白山神社を現在の本郷1丁目に勧請。元和２（1616）年巣鴨原へ移り、明暦元(1655)年、現在の地に ◆祭神：菊理姫命（くくりひめのみこと）、伊弉諾命（いざなぎのみこと）、伊弉冊命（いざなみのみこと） ◆拝観所要時間：30分

文京区

TEL 03-3811-6568

文京区白山5-31-26／境内自由／都営地下鉄三田線白山駅から徒歩２分／無休／7台（3時間900円）

白《しろ》旗《はた》桜《ざくら》

境内社の八幡神社にあるご神木。源 義家とゆかりがあり、現在はその後継樹。先代の桜はかつて江戸三名桜と呼ばれたそう

ココがすごい ☑ 天暦２年創建 ☑ あじさい

王《おう》子《じ》神《じん》社《じゃ》

地名の由来にもなった 庶民遊楽の地

春日局も祈った！「子育大願」の聖地

大銀杏（→P.231）が清々しい王子神社。ここは開運除災のほか、かつて春日局が幼少の竹千代（徳川家光）の将来を祈願した社で、「子育大願」のご利益があると言われている。境内には髪の毛にまつわる珍しい神社もある。

◆創建：不詳。再興は元亨2（1322）年 ◆祭神：伊邪那岐命（いざなぎのみこと）、伊邪那美命（いざなみのみこと）、天照大御神、速玉之男命（はやたまのおのみこと）、事解之男命（ことさかのおのみこと）
◆拝観所要時間：30分

北区
TEL 03-3907-7808
北区王子本町1-1-12／境内自由／各線王子駅から徒歩3分／無休／15台

毛塚《けづか》
毛髪への感謝を込めた毛塚。全国でも珍しい髪の祖神「関神社」境内にあり、理・美容関係の参拝者も多い

ココがすごい ☑春日局が祈願 ☑子育大願

東京駅でしか買えない！

せっかくご朱印をいただくなら、ご朱印帳にもこだわりたい！
各社寺のオリジナルや雑貨店のオリジナルをチェックして。

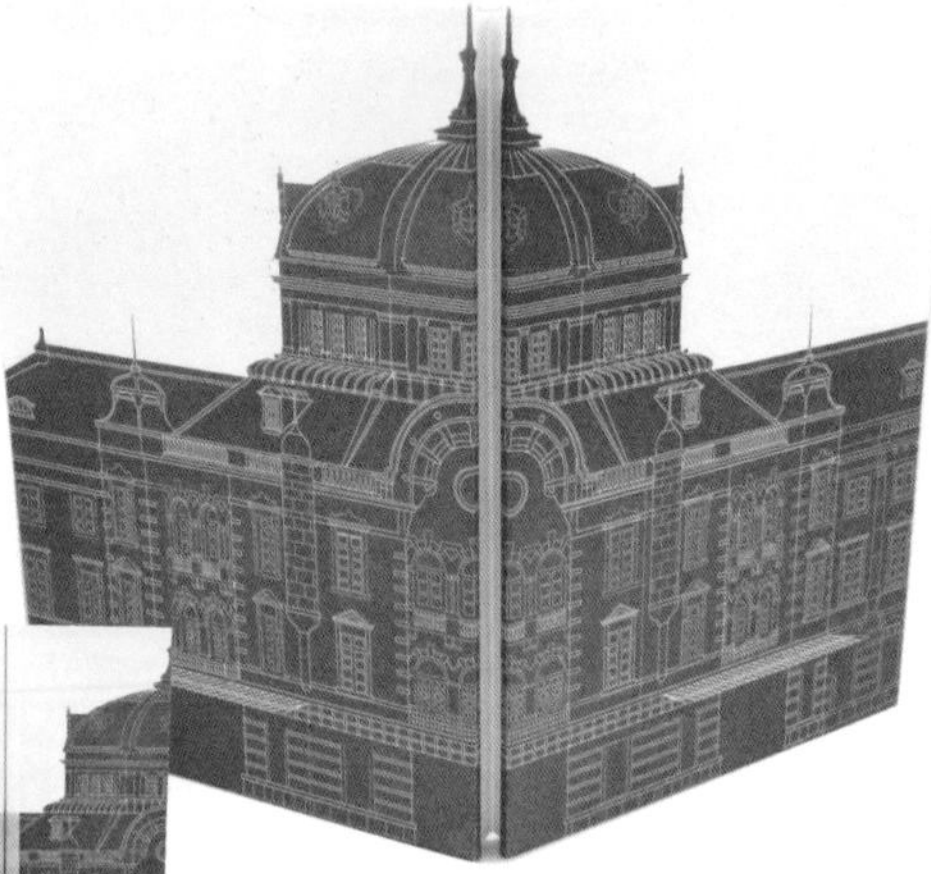

【東京駅限定商品】印傳のような紙の御朱印帳 白 東京駅丸の内駅舎2420円

せっかくだから限定で！

東京駅
丸の内駅舎デザイン

東京の社寺を回るなら、東京らしいご朱印帳を持つのもいい。そこでおすすめなのが、JR東京駅改札内で販売している、東京駅限定デザインのご朱印帳。印傳風表紙には、東京のシンボルである、東京駅の丸の内駅舎が描かれている。

そのほかにも、都電荒川線（→P.142）限定のご朱印帳なども。ご朱印帳バンド（→P.243）も入手して、自分のスタイルで社寺を巡るのも楽しい。

TOKYO!!!《トーキョーみった》

千代田区 TEL 03-5218-2407

千代田区丸の内1-9-1 JR東日本 東京駅構内1階 グランスタ東京（改札内）／8:00～22:00（日曜、祝日は～21:00）／東京駅改札内／無休／Pなし

格式高い五大神社

東京五社巡り

こちらも東京を代表する五つの神社！
東京十社と合わせて巡れば最強間違いナシ⁉

ほかにも「東京五社」があるんダヨ
十社となにが、どう、違うの？
エッ!?
東京五社は20世紀になってからできたんダヨ
東京五社は特段のいわれがあるわけではないが、どこも東京を代表する神社。武蔵国総社の大國魂神社が最も歴史がある。
へー

＼都内最強の恋愛パワスポ／

東京大神宮

P.58

＼英霊を祀る！／

靖國神社

P.56

＼初詣参拝者日本一！／

明治神宮

P.48

1日で巡るには…？

新宿から約40分、府中市にある大國魂神社を最初か最後に。1社だけ離れているので、大國魂神社が攻略のカギ！

＼武蔵国の総社／

大國魂神社

P.52

＼江戸三大祭りを開催／

永田町 日枝神社

P.32

どこも人気の神社ダヨ

明《めい》治《じ》神《じん》宮《ぐう》

豊かな杜に抱かれた日本を代表するお宮

新宿と渋谷の間に位置する明治神宮。[1]明治天皇と皇后の昭憲皇太后を祀り、境内には緑豊かな[2]明治神宮の杜が広がる。その広さは東京ドーム約15個分。広大な境内を歩くだけで心癒され、都心にいることを忘れさせてくれる。

初詣での参拝者数が日本一としても知られ、皇太后が愛した花菖蒲が咲く御苑や、重要文化財である宝物殿のほか、ミュージアムなど見どころが点在。参拝後は苑内を散策しよう。

ココがすごい ☑都会のオアシス ☑ご祭神は天皇と皇太后

超最強！都会のオアシス 参拝だけではもったいない

注目KEYWORD

1
【明《めい》治《じ》天《てん》皇《のう》】
明治四五（一九一二）年に明治天皇、大正三（一九一四）年に皇太后が崩御。両陛下をご神霊として祀る。

2
【明《めい》治《じ》神《じん》宮《ぐう》の杜《もり》】
古くからある森のようにも思われるが、実は人工林。全国から約10万本の献木を受けて作られた。

◆創建：大正9（1920）年。明治45（1912）年に明治天皇が、大正3（1914）年に昭憲皇太后が崩御。国民の熱い願いを受けこの地に創建 ◆祭神：第122代天皇の明治天皇と昭憲皇太后 ◆拝観所要時間：2.5時間 ◆およそ70万㎡の広大な杜は、全国からの献木を植栽した人工林

渋谷区 **TEL 03-3379-5511**

渋谷区代々木神園町1-1／日の出～日の入／境内自由／JR山手線原宿駅から徒歩1分／無休／50台

一部不可

明治神宮

MI DO KO RO

MAP

境内は約72ヘクタールという広さを誇る。各入り口から本殿までは、途中の立ち寄りをせずに歩いて約10分。見どころをすべて網羅するなら、2〜3時間ほど時間を確保してじっくり楽しみたい。

自然のなかをのんびり歩くだけで、パワーチャージされること間違いなし。気の向くままに、明治神宮を散策してみよう。

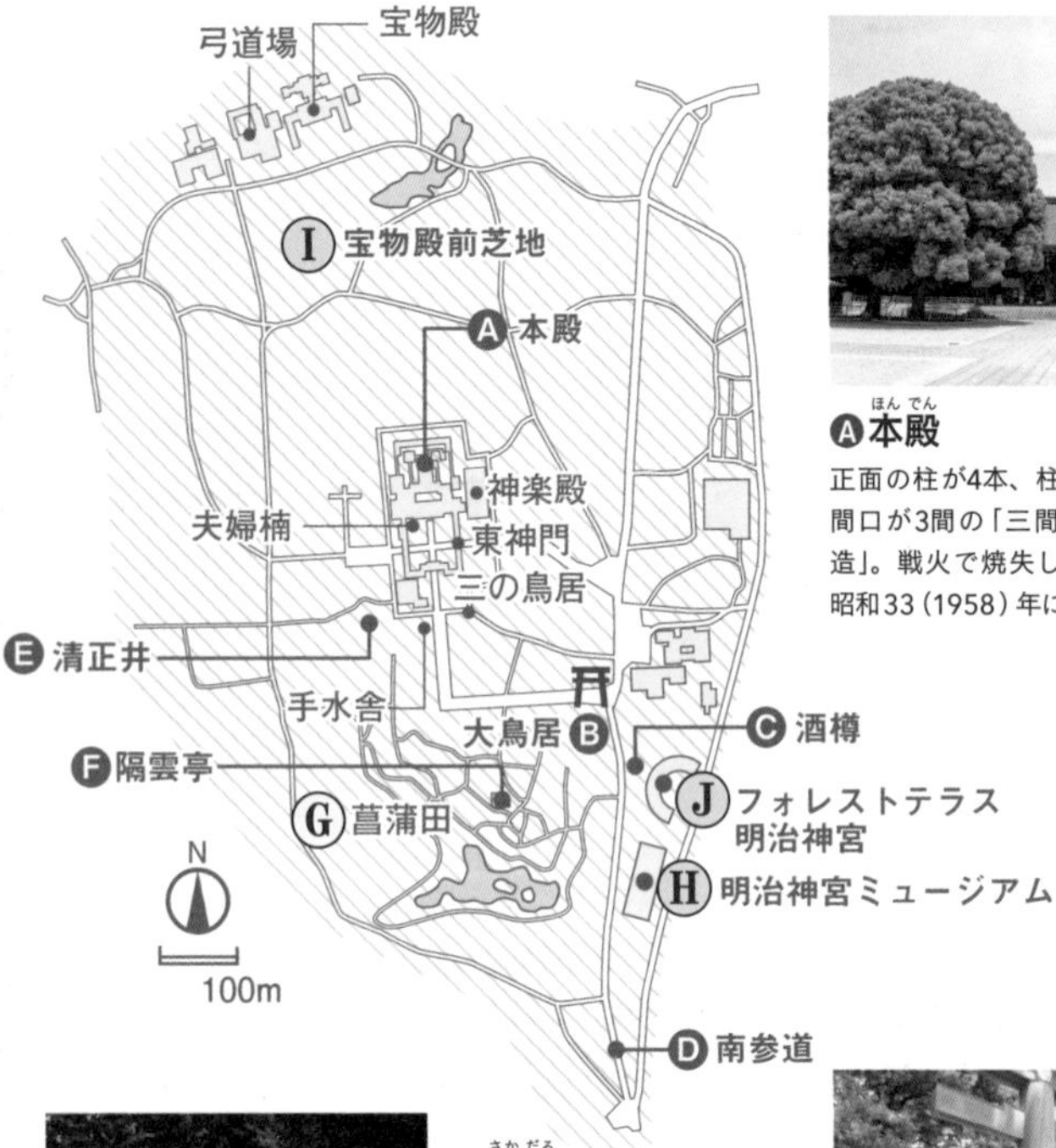

A 本殿《ほんでん》

正面の柱が4本、柱間の間口が3間の「三間社流造」。戦火で焼失したが昭和33（1958）年に復興

C 酒樽《さかだる》

南参道から歩いて右に清酒、左にワインの樽。明治天皇がワインを好んだことに由来

D 南参道《みなみさんどう》

原宿駅最寄りの参道。道幅が広く見どころも多い。CAFÉ 杜のテラス（→P.194）もここ

B 大鳥居《おおとりい》

明治神宮創建の年に造立。高さ約12m、幅約17mと、木造の明神鳥居としては日本最大規模

＼見逃せない!!!／

菊《きく》と桐《きり》の紋章《もんしょう》

ご紋から感じる日本の伝統

天皇家を象徴する菊、日本国を象徴する桐の紋章は、明治神宮のいたるところで見ることができる。

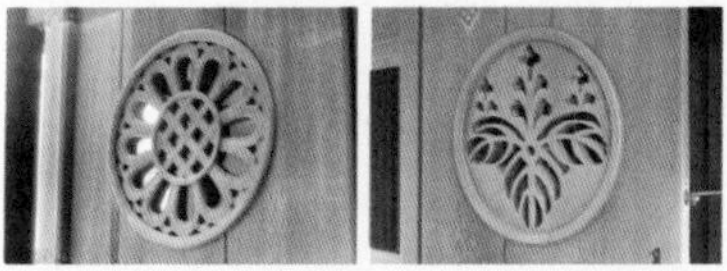

Ⓖ菖《しょう》蒲《ぶ》田《だ》

愛する人のために…

明治天皇が昭憲皇太后のために植えたという菖蒲田。6月には見事な花が咲く。

おたのしみ

天皇家と明治神宮のカンケイは?

Ⓗ明《めい》治《じ》神《じん》宮《ぐう》ミュージアム

南参道の途中に建つミュージアム。宝物や美術品だけでなく、明治神宮の森や建築の歴史についても知ることができる。

TEL 03-3379-5875

10:00～16:30／入館1000円／木曜（祝日の場合は開館）

神宮内でピクニック気分♪

Ⓘ宝《ほう》物《もつ》殿《でん》前《まえ》芝《しば》地《ち》

宝物殿を望む広大な芝生エリア。敷地内には亀石と呼ばれる巨大な石があり、パワースポットとしても知られている。

参拝の記念に立ち寄りたい!

Ⓙフォレストテラス明《めい》治《じ》神《じん》宮《ぐう》

カフェやレストラン、おみやげショップなど、いろいろな用途で利用できる複合施設。参拝の記念に立ち寄って。

TEL 03-3379-9222（代表）

9:00～18:00／無休

Ⓔ清正井《きよまさのいど》

加藤清正が掘ったと伝えられる都内有数の名湧水。水温は年間を通じて15℃程度

Ⓕ隔《かく》雲《うん》亭《てい》

明治33（1900）年に明治天皇が体の弱かった昭憲皇太后のために建てた休憩どころ

大《おお》國《くに》魂《たま》神《じん》社《じゃ》

春と秋の祭りがエモい！武蔵国の守り神

一九〇〇年を超えて武蔵の国を見守る総神

景行天皇四一（一一一）年創建、「[1]武蔵総社六所宮」とも称される大國魂神社。ご祭神の大國魂大神は、出雲の大国主神と同神で、縁結びや厄除けの神として知られている。境内には複数の神が祀られており、[2]源 頼朝がお参りした神社も。社殿は徳川家綱により改築、現在は東京都の有形文化財に指定されている。

参道沿いの欅並木は頼義・義家が寄進した苗が起源とされ、国の天然記念物。5月のくらやみ祭（→P.221）、11月の大鷲神社例祭が有名だ。

ココがすごい　☑武蔵野国の総社　☑くらやみ祭

注目KEYWORD

1
【武蔵総社《むさしのそうじゃ》】
大化の改新の際、武蔵国の諸神と国内著名の六カ所の神社を奉祀し「武蔵総社六所宮」と称された。

2
【源頼朝《みなもとのよりとも》】
源頼朝が妻・北条政子の安産祈願をしたと言われる宮乃咩神社《みやのめじんじゃ》。演芸・安産の神として知られる。

◆創建：景行天皇41（111）年5月5日大神の託宣に依って造られたと伝わる ◆祭神：大國魂大神（おおくにたまのおおかみ）をはじめ、8柱 ◆拝観所要時間：1.5時間 ◆武蔵の国魂の神を祀ったのが始まり。春のくらやみ祭（→P.221）と秋の酉の市で知られる

府中市 TEL 042-362-2130

府中市宮町3-1／6:00～17:00（9月15日～3月31日は6:30～、ご朱印は9:00～）／境内自由／京王線府中駅から徒歩5分／無休／200台(有料)

一部不可

大國魂神社

MI DO KO RO MAP

日本屈指の歴史を誇る大國魂神社には、源 頼朝や徳川家康など有名な歴史的人物にゆかりのあるスポットも少なくない。昔に生きた人々との縁を感じながら境内を巡ってみよう。

「武蔵総社六所宮」の名の通り、小野大神や小河大神など多くの神を祀っているので、何度でも足を運びたい。広い境内には興味深い見どころがたくさん。

見逃せない!!!

Ⓐ馬場大門《ばばだいもん》欅並木《けやきなみき》

駅から続く参道

参道の欅並木。源 頼義・義家の父子が奥州征伐の途中で戦勝祈願し、凱旋時に苗木を奉樹したことが起源。

Ⓑ住吉神社《すみよしじんじゃ》・大鷲神社《おおとりじんじゃ》

本社は大阪市住吉区にあり、その分霊を祭祀。海上守護の神、除災招福の神として崇敬

Ⓒ随神門《ずいじんもん》

高さ約8.5m、幅約25m、門扉は高さ約4.5m、幅約4.7m。木造の門としてまれに見る大きさ

Ⓓ稲荷神社《いなりじんじゃ》

旧町内神戸で崇敬されている神社。神戸稲荷神社とも。大鳥居をくぐると右手に見える

おたのしみ

「関東三大酉の市」のひとつ

大鷲神社例祭《おおとりじんじゃれいさい》

11月の酉の日／6:30～22:00／境内無料

大鷲神社の秋の祭礼は通称「酉の市」。開運祈願や商売繁盛の縁起物として、熊手を買い求める人でにぎわう。

暗闇の中を神輿が進む

くらやみ祭《まつり》

4月30日～5月6日

→P.221

大國魂神社の春の例大祭。かつては神輿渡御(とぎょ)が深夜に行われていたため「くらやみ祭」と呼ばれている。

Ⓖ鼓《こ》楼《ろう》

時刻などを知らせる太鼓を置いた建物。慶長年間（1596～1615年）の造営時に建設

Ⓕ拝《はい》殿《でん》

家康が慶長年間（1596～1615年）に造営。現在の拝殿は明治と昭和期に改築・改修

Ⓔ東照宮《とうしょうぐう》

徳川家康も大國魂神社を篤く崇敬。元和4（1618）年、二代将軍・秀忠の命により造営

Ⓗ宮《みや》乃《の》咩《め》神社《じんじゃ》

源 頼朝が北条政子の安産を祈願した神社。演芸の神、安産の神様として崇敬される

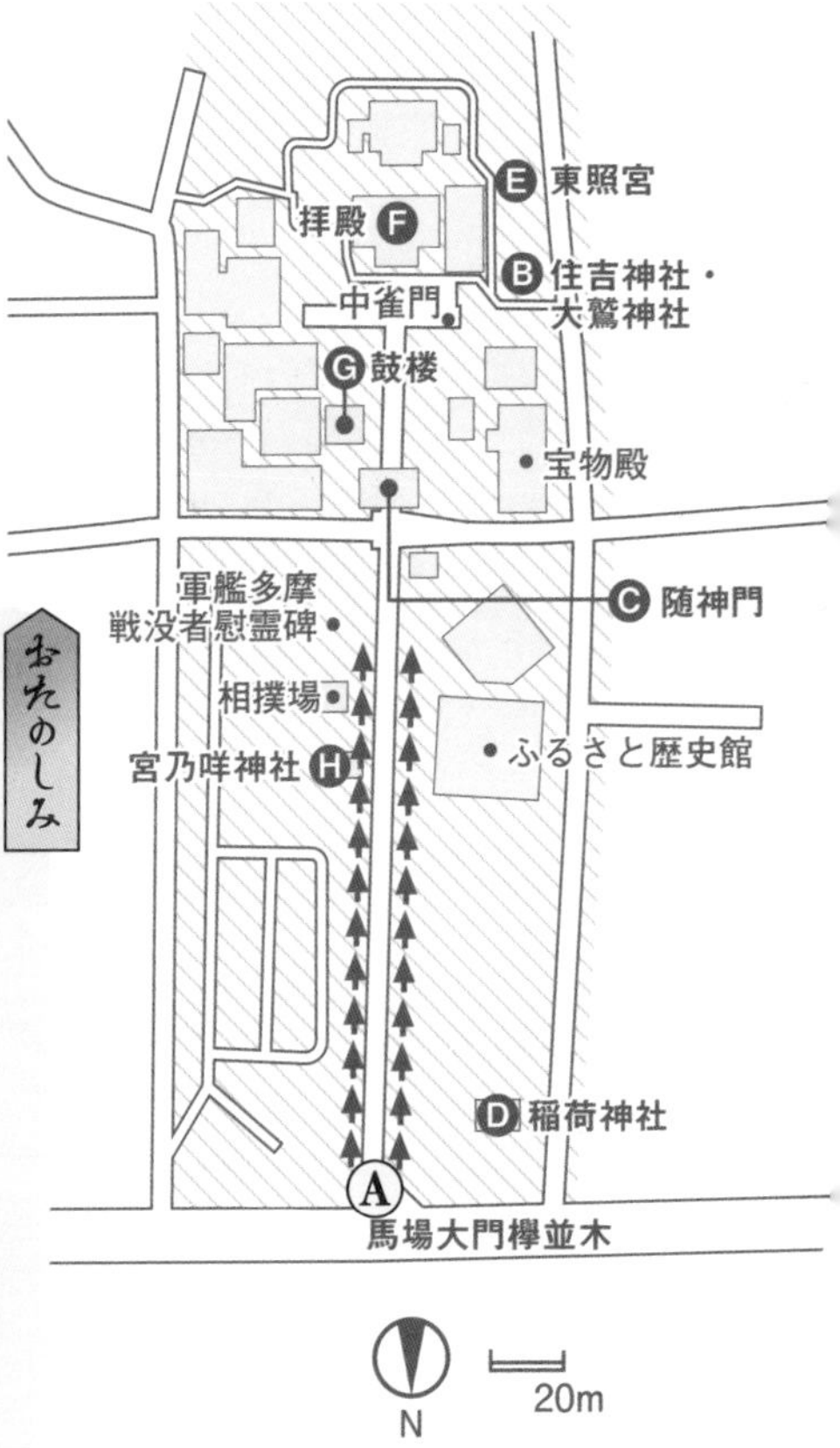

おたのしみ

恋愛運アップ♪
貝《かい》守《まもり》

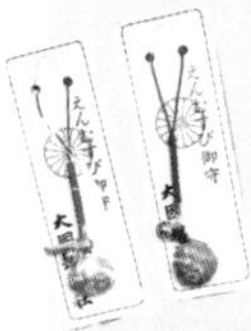

縁結びの御守。貝の絵柄を選ぶのも楽しい。各800円

「全国総社会」が作成
御《ご》朱《しゅ》印《いん》帳《ちょう》

表紙に日本の旧国名と地図が描かれたご朱印帳。初穂料1500円

靖《やす》國《くに》神《じん》社《じゃ》

春は桜爛漫 限定ご朱印に萌え

戦ぼつ者を祀る神社 美しい桜に囲まれて

都会の喧騒のなか突如現れる大鳥居と、厳かな空間。坂本龍馬や吉田松陰などが祀られていることで有名。境内には約500本の桜が植えられており、人気のお花見スポットになっている。東京管区気象台が東京の桜の開花を観測する「標本木」もここに。

季節ごとに頒布される限定ご朱印も魅力的。美濃和紙に季節のモチーフと社紋が刺繍されている。参道には、ロゴなどのラテアートが楽しめるカフェ（→P.202）も。

ココがすごい ☑ 坂本龍馬や吉田松陰などを祀る

第《だい》二《に》鳥《とり》居《い》

青銅製の鳥居としては日本一の大きさ。柱は継ぎ目が目立たない加工がされている

拝《はい》殿《でん》

明治34（1901）年、昭和天皇の誕生年に建築。直線的な本殿に対して、曲線美が特徴

戦《せん》没《ぼつ》馬《ば》慰《い》霊《れい》像《ぞう》・鳩《きゅう》魂《こん》塔《とう》・軍《ぐん》犬《けん》慰《い》霊《れい》像《ぞう》

戦場でたおれた馬や犬、鳩を慰霊顕彰するために建立された慰霊像も。拝殿右手にある

◆創建：明治2（1869）年、明治天皇の命により創建 ◆祭神：明治維新のさきがけとなって、たおれた幕末の志士たちをはじめ、日清戦争・日露戦争・第一次世界大戦・満州事変・日中戦争・第二次世界大戦などの対外事変や戦争に際し一命を捧げられた人々の神霊（みたま）が祀られている ◆拝観所要時間：1時間

大《おお》村《むら》益《ます》次《じ》郎《ろう》銅《どう》像《ぞう》

陸軍の父・大村益次郎。明治26（1893）年、日本初の西洋式銅像

おたのしみ

東京の春はここから！

桜《さくら》の標《ひょう》本《ほん》木《ぼく》

昭和41(1966)年から東京の標本木の役目を担う。開花の観測の際は報道陣が詰めかける。

全シーズン集めたい！

限《げん》定《てい》ご朱《しゅ》印《いん》

日本三大和紙の一つである美濃和紙に桜、花火、紅葉、梅など季節のモチーフと社紋を刺繍。初穂料1000円

千代田区

TEL 03-3261-8326

千代田区九段北3-1-1／6:00～18:00（11～2月は～17:00）／境内自由／東京メトロ各線九段下駅から徒歩5分／無休／Pあり（有料）

一部不可

東《とう》京《きょう》大《だい》神《じん》宮《ぐう》

恋する男女が集う 東京のお伊勢様

千代田区 TEL 03-3262-3566

千代田区富士見2-4-1／6:00～21:00（授与所は8:00～19:00）／境内自由／各線飯田橋駅から徒歩5分／無休／Pなし

一部不可

◆創建：明治13（1880）年、日比谷に創建。昭和3（1928）年に現在の地に移転 ◆祭神：天照皇大神、豊受大神（とようけのおおかみ）、大地主大神など ◆拝観所要時間：20分 ◆伊勢神宮（内宮と外宮）の祭神の神々を奉斎することから「東京のお伊勢様」と称される

ココがすごい ☑東京のお伊勢様 ☑最強恋愛パワースポット

飯富《いいとみ》稲荷《いなり》神社《じんじゃ》

創建当時から奉斎。衣食住と商売繁昌のほか芸能分野の信仰も集める

拝殿《はいでん》

伊勢神宮の遥拝殿として創建。文字通り、遥か遠くから参拝できる

東京にいながら お伊勢参りが叶う

縁結びの神社として知られる東京大神宮。神前結婚式を創始した神社でもあり、良縁を願う参拝者が多く訪れる。境内にはハートマーク（「猪《い》目《のめ》」という伝統的な装飾）があり、見つけると恋愛運が上昇するとか。そんな東京大神宮の祭神は、伊勢神宮の内宮・外宮と同じ「天照皇大神」「豊受大神」。東京にいながら伊勢神宮の神々に参拝が叶うため「東京のお伊勢様」と呼ばれ親しまれている。

おたのしみ

よく当たる！と評判

恋みくじ

かわいい和紙人形付きのおみくじ。恋愛成就の助言も記されている。各200円

願い事を手紙にしたためて

願い文

紙へ願い事を綴り、紐を結んで封緘。神前に納められる。各500円

東京五社

五／五

永田町 日《ひ》枝《え》神《じん》社《じゃ》

→P.32

東京十社でもレベチなパワスポ♡

仕事運に恋愛運 なんでもおまかせ！

通称「山王さん」。かつては江戸城の鎮守神として祀られ、現在では商売繁盛や縁結びなどのパワースポットとしても人気がある。

O MI KU JI

おみくじ

社寺に行ったら引きたくなるおみくじ。
神様や仏様のお言葉はもちろんだけど、
かわいらしさだって重要！

かわいさMAX！
5色全部ほしくなる五龍神

田無神社

→P.178

方位の四神（しじん）である龍のおみくじ。陶器の龍の中におみくじが納めてある。龍は好きな色を選べる。各500円

コロッとシルエットのマスコット級の埴輪

浅草神社

→P.78

祭神・土師真中知命（はじのまつちのみこと）にちなんだ埴輪形。500円

手のひらサイズ！お狐様を持ち帰る

笠間稲荷神社東京別社

→P.131

手描きなので一つ一つ表情が異なるお狐様。好きな表情が今のあなたの運命!? 500円

小網神社

→P.133

一本の糸で神様とつながる！

まゆは一本の糸でできているため、神様と細く長く結ばれるのだとか。300円

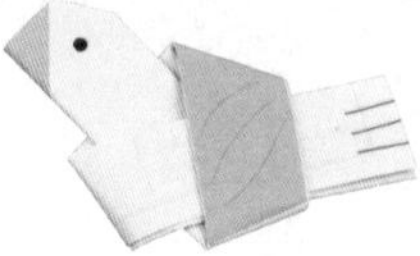

鳩森八幡神社

→P.136

平和のシンボル！鳩がもたらす助言とは？

折り畳むと鳩の形になるおみくじ。持ち帰ってお守りにしても結んで帰っても。100円

湯島天満宮（湯島天神）

→P.84

幸運を招く鳥 鷽（うそ）みくじ

天神様ともつながりの深い鳥「鷽」のおみくじ。開運を運んできてくれるそう！300円

東京大神宮

→P.58

都内屈指の縁結びの神は未来の恋人がわかる？

恋人形付きの恋みくじには未来の恋人の血液型や干支、年齢差などが。各200円

推しの聖地もいっぱい！

ドラマやアニメに登場したりモデルになった社寺が点在！
ここでは特に人気の3社をご紹介。

1

2

3

1「美少女戦士セーラームーン」の火川神社の境内イメージになったという赤坂 氷川神社　2「ラブライブ！」などのアニメとコラボした絵馬などもある神田神社　3「Snow Man」ファン必訪の愛宕神社。デビュー前のメンバーが通っていたとか

東京だからいろいろ!? 推しが推している神社もマストで♡

　アニメやマンガの舞台になったり、ドラマに登場したりする社寺を巡るのは、東京ならではの楽しみ方のひとつ。例えば、アニメ「美少女戦士セーラームーン」に登場する火野レイの実家「火川神社」の境内モデルは赤坂 氷川神社と言われている。ちなみに、鳥居のモデルは麻布十番にある麻布 氷川神社。また、神田神社（神田明神）は、江戸時代の浮世絵から連続ドラマ、アニメまで、その時代に注目されているメディアに度々登場。最近はアニメ「ラブライブ！」とのコラボが話題。
　他にも芸能人や有名人が通う社寺を巡るのもいい。

愛宕神社
→P.112

赤坂 氷川神社
→P.24

神田神社（神田明神）
→P.20

CHAPTER 3

EDO TRIP

江戸時代にブーム到来！

江戸の庶民信仰

江戸時代の参拝は娯楽や旅の言い訳だった⁉
江戸時代に一気に広がった庶民信仰の真実とは？

江戸時代からは庶民が盛んに寺社に通ったんダヨ！
それまでは違ったの？

平和な世の中になって、庶民も遊べるようになったんダヨ
そこで起こったのが空前の旅ブーム！弥次さん喜多さんとかダヨ

江戸中期に起こった旅ブーム。伊勢や大山、江の島への参詣のミニトリップが特に人気だった。

旅の目的は各地の社寺だったんダヨ
いろいろな巡礼コースが誕生
地域でお金を出し合って「講(こう)」という組織を作り、順番に各地に詣でる文化が誕生。詳しくは →P.6
富士山詣で
成田詣で
お伊勢参り
大山参り
いろいろある!
武家屋敷内に神社を造って一般公開もしていたんダヨ
え!? 入っていいの?
ハッハッハ
なんか楽しそうだなー
江戸時代のパワスポ巡りは
ストレス発散
娯楽・好奇心
だった!?
半分は遊びだったのかもね

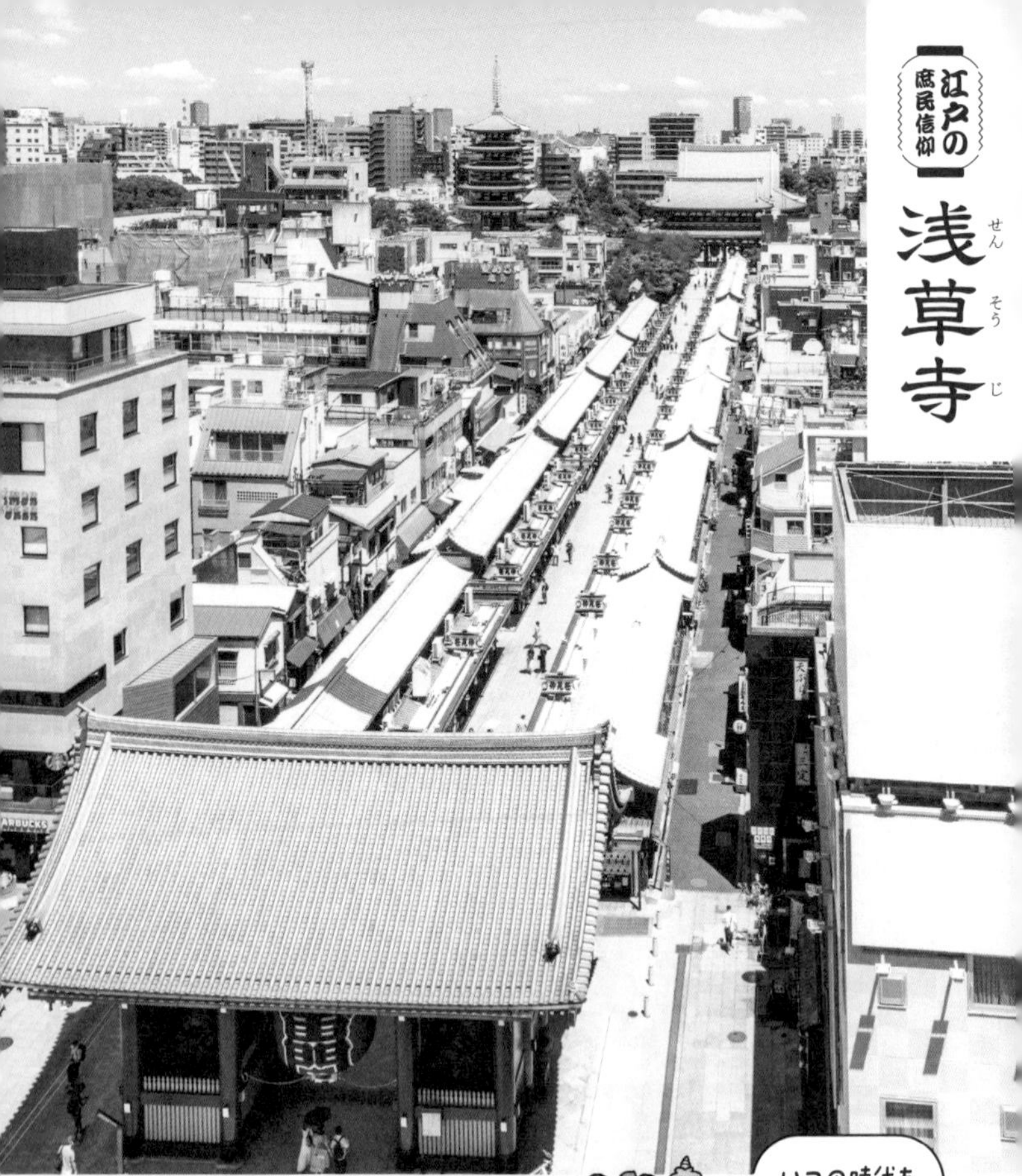

浅《せん》草《そう》寺《じ》

浅草の観音様

千年以上の歴史を誇る 東国の観音霊場

推古天皇三六（六二八）年、漁師の網に聖観世音菩薩の尊像が現れたことに始まる。山号は観音様の逸話にちなみ「[1]金龍山」で、東京都で最も古いと言われる寺。天安元（八五七）年に慈覚大師円仁が来山し発展。鎌倉時代には源頼朝が祈願に訪れ、以降も足利尊氏や徳川家康など、権力者の庇護を受ける。三代将軍・家光は慶安二（一六四九）年に本堂を再建。江戸時代後期は庶民も多く訪れ、一般信者が寺を支えた。大正一

ココがすごい ☑ 大衆文化の発信地

江戸っ子はココが好き

浅草の観音様は庶民の願いをかなえる！

江戸時代中期は多くのお堂が建てられ、幅広い願いをかなえる庶民の寺に。夏は最大の功徳日「四万六千日」、年末は「歳の市」「蓑市」に参拝者が押し寄せた。歌川広重『東都名所 浅草金竜山年之市群集』

江戸文化の発信地 将軍吉宗も訪れた「奥山」

観音堂北西の「奥山」は、曲独楽・奇術などが並ぶ文化の発信地で、八代将軍・吉宗も立ち寄ったと言う。現在は本堂西側に「新奥山」があり、芸能関連の石碑が立つ

武士も庶民もみんなが詣でた

二（一九二三）年の関東大震災では奇跡的に延焼を逃れたが、昭和二〇（一九四五）年の東京大空襲では境内が全焼。ご本尊は避難して無事だったそう。

現在も江戸時代と変わらず多くの人が訪れ、東京を代表する観光地と言える。仲見世通りを中心に、活気あふれるエリアだ。

注目KEYWORD

1【金龍山《きんりゅうざん》】

「金竜山」とも記す山号。観音様が現れた際に、一夜にして千株ほどの松が現れ、三日後には金の鱗をもつ龍が天からその松林に下ったと縁起に記されており、この逸話にちなんで山号がつけられた。

浅草寺

MI DO KO RO MAP

にぎやかな雰囲気に魅かれがちだが、実は貴重な史跡や文化財が点在している。お水舎の天井には東韶光画の「墨絵の龍」、手水鉢の上には、高村光雲作の龍神像を祀る。そのほか、影向堂近くには、かつてあった東照宮の神橋として元和四(一六一八)年に造られた都内最古の石橋がある。境内をくまなく巡ってみよう。

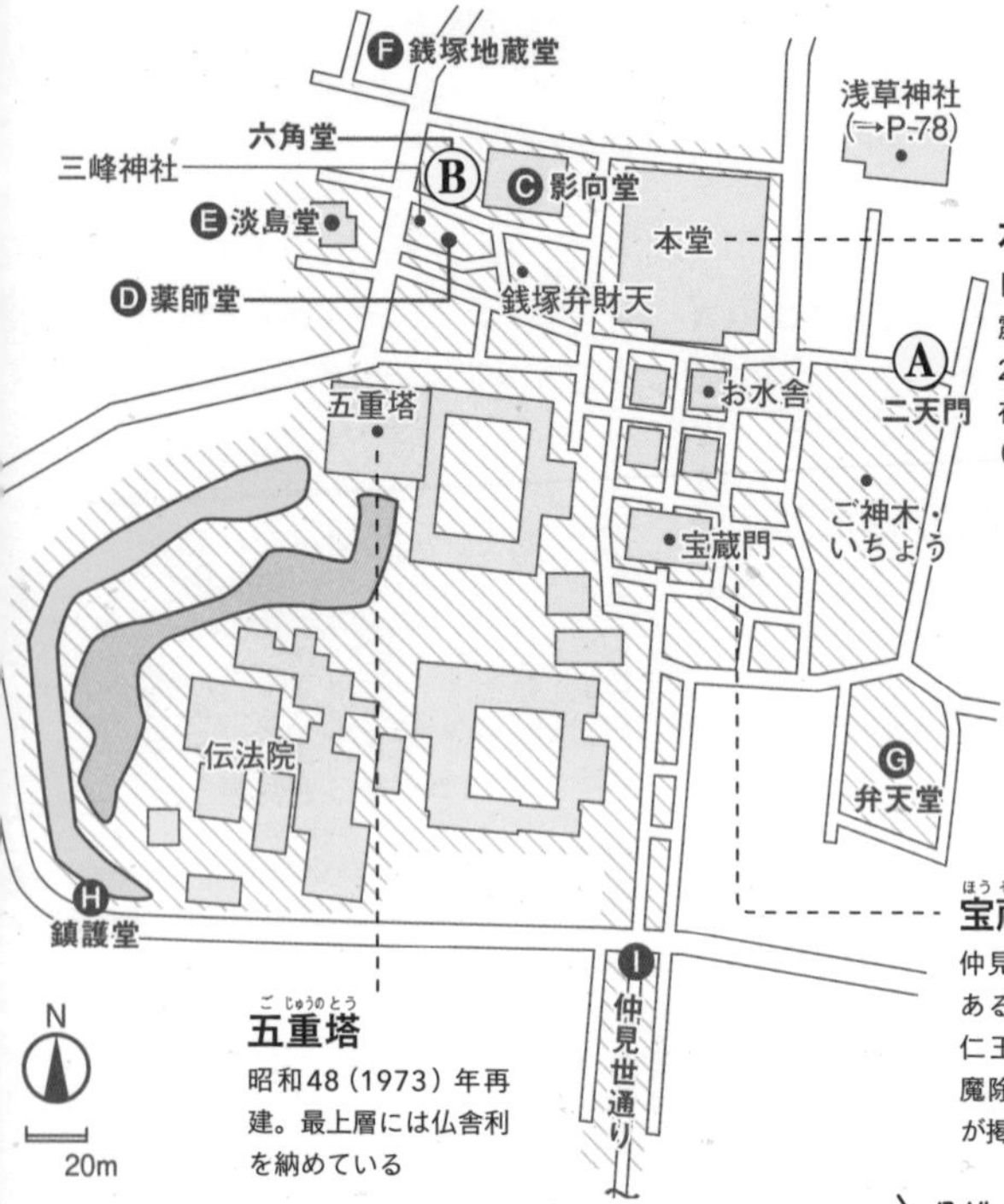

本堂

「観音堂」とも。地震や火災で焼失し、20回ほど再建。現在の本堂は昭和33(1958)年築

宝蔵門《ほうぞうもん》

仲見世通りの奥にある楼門で、元は仁王門と呼んだ。魔除けの大わらじが掲げられている

五重塔《ごじゅうのとう》

昭和48(1973)年再建。最上層には仏舎利を納めている

見逃せない!!!

Ⓑ六角堂《ろっかくどう》

浅草寺で最古
江戸初期の建築

元和4(1618)年の建築と伝わる。井戸状の穴の上に六角形で築かれている。

Ⓐ二天門《にてんもん》

時代とともに
役目を変えた門

慶安2(1649)年頃建立。浅草寺東照宮の随身門が明治初期に二天門と改称。

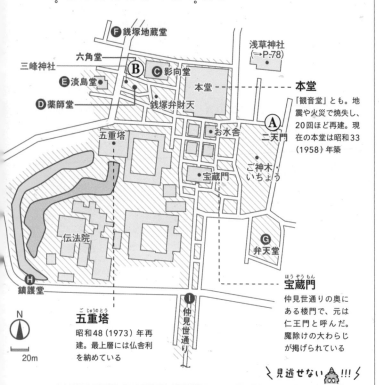

おたのしみ

凶が3割ってホント!?

観《かん》音《のん》百《ひゃく》籤《せん》

浅草寺のおみくじは凶が多いと言われている。それは江戸時代から「凶30％」「大吉17％」という割合を変えていないからだとか。

Ⓘ仲《なか》見《み》世《せ》通《どお》り

江戸の町の人口が増え、参拝者が一層増えた頃から、境内や路上に出店が並び始めたことが起源

◆創建：推古天皇36（628）年、漁をしていた檜前浜成・竹成兄弟の網に何度もかかった聖観世音菩薩像をお堂に祀ったと伝わる ◆本尊：聖観世音菩薩 ◆拝観所要時間：1.5時間

台東区 **TEL 03-3842-0181**

台東区浅草2-3-1／境内自由（本堂は6:00～17:00 ※10～3月は6:30～、授物所は9:00～17:00）／東京メトロ銀座線浅草駅から徒歩5分／無休／Pなし

一部不可

こんな神仏がいる!

Ⓒ影《よう》向《ごう》堂《どう》

聖観世音菩薩と、左右に干支に応じた8体の守り本尊（影向衆）が祀られる。「影向」は神仏が姿として現れること

Ⓓ薬《やく》師《し》堂《どう》

三代将軍・家光が、慶安2（1649）年に再建し、近くにあった橋から橋本薬師堂と命名。本尊は薬師如来坐像

Ⓔ淡《あわ》島《しま》堂《どう》

祀られる淡島明神は、江戸時代は女性の守り神として信仰を集めた。毎年2月8日に針供養会を実施している

Ⓕ銭《ぜに》塚《づか》地《じ》蔵《ぞう》堂《どう》

家内安全・商売繁盛のご利益があるという六地蔵尊を祀る。寛永通宝が埋められていると言う伝説が残る

Ⓖ弁《べん》天《てん》堂《どう》

境内の小高い丘に鎮座。ご本尊は白髪のため「老女弁財天」と言われる。金運アップや芸事の上達を司る

Ⓗ鎮《ちん》護《ご》堂《どう》

明治16（1883）年、当時の住職がすみついた狸を祀ったのが始まり。火除けや盗難除けなどの霊験があると言う

鎮護堂の狸をかたどった、かわいらしいお守り・おたぬきさま 1500円

諸芸上達のご利益も!

江戸の庶民信仰

總《そう》持《じ》寺《じ》（西新井大師）

江戸の女性も救った！厄除けのお大師様

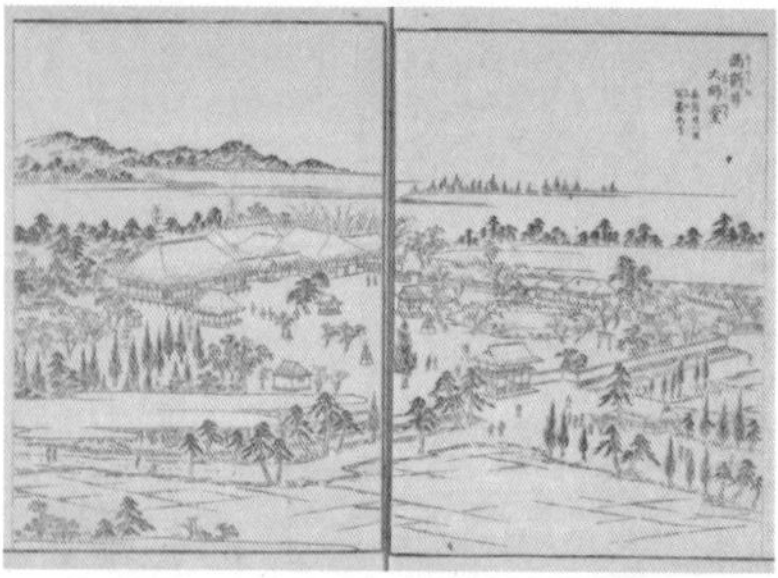

江戸っ子はココが好き

弘法大師像のご開帳に庶民が押し寄せる

毎月21日の縁日には、弘法大師像がご開帳になり、各地から参拝者が押し寄せた。長谷川雪旦『江戸名所図会（有朋堂文庫）』

ココがすごい ☑関東厄除け三大師の一つ

コンビニエンスな厄除け祈願

天長三（八二六）年、弘法大師が東国巡錫[1]の際、かんばつで荒れ、疫病が流行していたこの地で祈願を行い創建。ご本尊は、弘法大師[2]が自ら彫った十一面観音菩薩像。

江戸時代には厄除け祈願所として有名になり、周辺は門前町としてにぎわった。厄除け大師の歴史は現在も続いており、護摩祈願、車祈願、水子供養などを毎日実施。いつ来ても、誰でも受け入れてくれる懐の深さを感じる。

季節の花の美しさでも親しまれ、樹齢約700年の藤は4月下旬に見頃を迎える。

注目KEYWORD

1【巡錫《じゅんしゃく》】
僧が錫杖を携えて各地を巡り、教えを広めること。西新井大師は弘法大師が東国巡錫で立ち寄り、創建されたと伝わる。

2【弘法大師《こうぼうだいし》】
平安時代初期の僧・空海。唐で真言密教を学んだあと、高野山金剛峰寺を建立。全国に伝説が残る。

参拝者を迎える重厚感のある楼門

江戸時代後期の建造の楼門。左右に金剛力士像が立ち、上層中央には仏を祀る須弥壇がある

女性の厄除けと幸運を祈る開かれた寺

江戸時代には女性の厄除け祈願を行う寺として有名に。また女性の諸願成就に霊験がある、如意輪堂（にょいりんどう）を境内に祀る

總持寺

MI DO KO RO MAP

平日も多くの参拝者でにぎわう境内は、地元の人も多く楽しい雰囲気。大本堂への参拝者のほか、交通安全祈願の車なども。
　花が有名な寺で、牡丹や藤が特に注目されている。ほかにも梅は20種以上（2月中旬）、桜は河津桜や寒緋桜（3月上旬～中旬）、さらに八重枝垂桜（4月中旬）なども見られる。

A 大本堂《だいほんどう》

江戸中期建立の本堂が昭和41（1966）年に焼失し、昭和46（1971）年に再建

見逃せない!!!

G 三匝堂《さんそうどう》

現存する三匝堂として貴重

3階構造の珍しいお堂は東京都で唯一残る建築様式。明治期に改築されたもの。

F 加持水《かじすい》の井戸《いど》

「西新井」という地名の由来に！

弘法大師が十一面観音立像と自身の像を安置し祈願して、水が湧いた伝説の井戸。

Ⓔ塩《しお》地《じ》蔵《ぞう》

イボ取りに霊験がある地蔵菩薩。堂内の塩をいただいて、お礼参りの際に倍の塩を返す

Ⓑ四《し》国《こく》八十《はちじゅう》八《はっ》箇《か》所《しょ》 お砂《すな》踏《ふ》み霊場《れいじょう》

敷地内の石畳の下には四国霊場と高野山の砂が敷かれ、弘法大師の功徳と観音の功徳を一度に受けられるという礼拝所

おたのしみ

年に1回のお楽しみ！

北《ほく》斎《さい》会《え》

寺が所蔵する『弘法大師修法図』は、弘法大師が鬼を調伏する姿を描いた、葛飾北斎最晩年の肉筆画。毎年10月の第1土曜に公開している。

病気も治る？ 門前の名物

草《くさ》だんご

弘法大師が病人にヨモギを与えた伝説から名物になった草だんご。ぜひ味わって！

Ⓒ鐘《しょう》楼《ろう》堂《どう》

新年を告げる鐘の音を響かせる。向かいには藤棚があり参拝者の憩いの場に

Ⓓ牡《ぼ》丹《たん》園《えん》

約100種が咲く文化・文政年間（1804～30年）造の庭。見頃は4月中旬

門前町の雰囲気を満喫

山門まで100mあまりの小さな商店街。定期的にイベントなども実施している

◆創建：天長3（826）年、弘法大師・空海により開創 ◆本尊：十一面観世音菩薩、弘法大師 ◆拝観所要時間：1時間

足立区　TEL 03-3890-2345

足立区西新井1-15-1／6:00～20:00（大本堂は8:00～18:00、祈祷受付・ご朱印所は9:00～16:30）／境内自由／東武大師線大師前駅から徒歩5分／11月の大掃除日／Pなし

一部不可

江戸の庶民信仰

瀧《りゅう》泉《せん》寺《じ》（目黒不動尊）

強面お不動様におまかせ

独鈷《とっこ》の瀧が象徴するパワースポット

大同三（八〇八）年創建で日本三大不動の一つ。慈覚大師円仁が故郷の下野国から比叡山に向かう途中でこの地に立ち寄った夜、不動明王が夢枕に現れたため、像を彫って安置したことに始まる。堂宇を建てる地を決めるために密教の法具の独鈷を投げたところ、水が湧き滝となったという。この独鈷の瀧は江戸時代に不動霊場の参拝が盛んになった際も、かんばつが続いた際も涸れることなく、修行者が水垢離《みずごり》をする姿は歌川広重も描いている。

ココがすごい ☑日本三大不動の一つ

江戸っ子は
ココが好き

富くじや筍飯など名物がたくさん！

文化9（1812）年に幕府の許可が下りて、門前町では富くじが売られた。名産を使った筍飯のほか目黒飴も名物で、参詣者はレジャーも楽しんだよう。歌川広重『江戸名所 目黒不動尊』

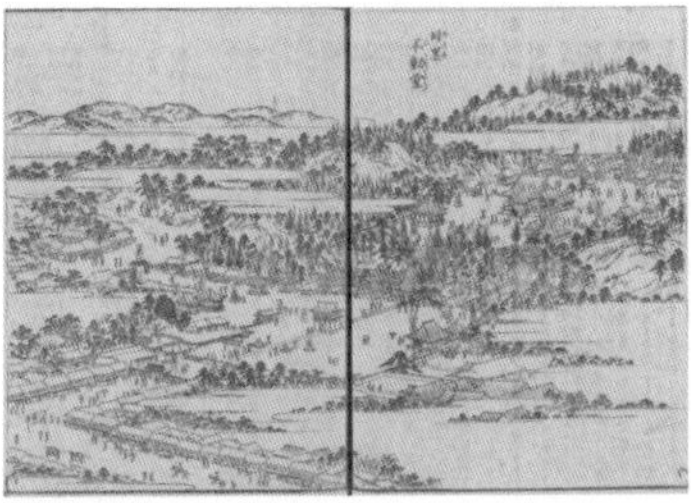

将軍も支援した壮麗な「目黒御殿」

鷹狩で訪れた三代将軍・家光は、行方不明になった愛鷹が祈願して戻ったことから篤く信仰。53棟の堂塔を建て、「目黒御殿」と称された。斎藤長秋『江戸名所図会 7巻』

日本代表！

江戸時代は三代将軍・家光が鷹狩りで立ち寄り崇敬した縁から、五色不動[1]の一つに位置付けられる。江戸庶民は華やかな堂宇を参拝しつつ、富くじや名物などのレジャーを楽しんだ。

境内では縄文時代中期の呪術の道具も発掘されており、緑や水が豊かなこの地は5千年以上続くパワースポットなのかもしれない。

注目KEYWORD

1 【五《ご》色《しき》不《ふ》動《どう》】
江戸城を中心に、五行思想に基づく五つの方角（黒・白・赤・黄・青）に置かれた六つの不動尊の総称。いずれも五街道に近く、江戸守護のために造られたと考えられている。瀧泉寺は東海道（黒）を守っている。

瀧泉寺

MI DO KO RO MAP

小高い斜面にある境内は、歴史あるお堂や史跡が多数。仁王門をくぐったら、まずは独鈷の瀧で水かけ不動明王に祈願。男坂を上り、大本堂をお参りしたら、裏手にある大日如来坐像にもお参りを。女坂を下り、神変大菩薩を参拝したら、東西に点在するお堂の数々を巡ろう。運がよければ滝見茶屋で焼き芋が食べられるかも。

A 大本堂《だいほんどう》

あらゆる災難厄難を退ける不動明王がご本尊。12年に一度の酉年にご開帳

B 大日如来坐像《だいにちにょらいざぞう》

大本堂後ろには不動明王の元の姿である大日如来坐像が。天和3（1683）年造

C 仁王門《におうもん》

左右に開口那羅延金剛と閉口密迹金剛を、階上には韋駄天を祀っている

I 青木昆陽石碑《あおきこんようせきひ》

かんしょ先生が眠る記念碑

甘藷（かんしょ）先生として有名なサツマイモ普及に努めた青木昆陽の石碑。

H 前不動堂《まえふどうどう》

江戸時代中期の面影を残す建築

東京都指定文化財。内部には木像不動明王三尊立像などが安置されている。

おたのしみ

集めて楽しい
七福神だるま

境内に祀られた恵比寿神は、元祖山手七福神巡り（→P.126）のひとつ。各寺で七福神だるま各500円をいただきながら巡って。

サツマイモのご縁！
かんしょ祭＆開運大吉焼き芋

10月28日に開催される「かんしょ祭」では、焼き芋の露店が並ぶ。祭り以外でも、仁王門前の茶屋では開運大吉焼き芋500円を不定期で販売。

D水《みず》かけ不動明王《ふどうみょうおう》

参拝者の代わりに水を浴びてくれるお不動様。柄杓で水をかけてからお参りを

E勢至堂《せいしどう》

江戸時代中期の貴重な建築。内部には勢至菩薩像を安置している

F弁天堂《べんてんどう》（三福神《みふくじん》）

恵比寿神・弁財天・大黒天の三福神を祀る。「山手七福神巡り」の一つ

G比翼塚《ひよくづか》

平井権八と彼を追い自害した遊女・小紫を追悼。2人の逸話は芝居になった

見逃せない!!!

J神変大菩薩《じんぺんだいぼさつ》

修験道の開祖をかたどった銅像

寛政8（1796）年作、役行者（えんぎょうじゃ）が腰かけた姿。足腰増強のご利益が。

◆創建：大同3（808）年、目黒に立ち寄った慈覚大師・円仁の夢枕に不動明王が現れ、その姿を像に彫って祀ったのが始まり ◆本尊：不動明王 ◆拝観所要時間：1時間

目黒区

TEL 03-3712-7549

目黒区下目黒3-20／境内自由（本堂は6:30～16:30、ご朱印は9:00～17:00）／東急目黒線不動前駅から徒歩15分／無休／Pなし

江戸の庶民信仰

浅《あさ》草《くさ》神《じん》社《じゃ》

家光寄進の三社様にはアツアツ狛犬が♪

◆創建：不明（平安時代末期～鎌倉時代初期以降と推測）◆祭神：土師真中知命（はじのまなかち）、檜前浜成命（ひのくまのはまなり）、檜前武成命（ひのくまのたけなり）◆拝観所要時間：20分 ◆社殿は慶安2（1649）年、将軍・家光が寄進

浅草寺を作った3人を祀った権現社が起源

浅草寺（→P.66）縁起に登場する聖観世音菩薩像を拾った檜前浜成・武成兄弟と、それを祀るよう助言して僧侶となった土師真中知。この3人を郷土神として祀るように夢のお告げを得た土師氏の子孫が「三社権現社」[1]を創建。その後、明治元（一八六八）年に神仏分離令で「三社明神社」、明治六（一八七三）年に浅草の総鎮守として「浅草神社」に改称。「三社様」と呼ばれるのはこの名残だそう。宮出[2]が見せ場の「三社祭

ココがすごい ☑江戸時代から残る社殿

り」（→P.２２１）は江戸三大祭りの一つに数えられる。

注目KEYWORD

1【権現《ごんげん》】
神仏が仮の姿として現れたもので、本地垂迹説に基づく。明治以前の神仏習合（→P.２４４）の時代には多く見られた考え方。

2【宮出《みやだし》】
三社祭りの3日目の早朝に宮神輿3基が境内から発進する、祭り最大の見せ場。現在は氏子の担ぎ手のみが参加（→P.２２１）。

国指定重要文化財の拝殿

ご神木のエンジュ。檜前兄弟がご本尊を切り株に安置したという

見逃せない!!!

恋愛成就に？身を寄せる夫婦狛犬

江戸時代初期に造られた狛犬。夫婦のように身を寄せる姿で安置されていることから「良縁」「恋愛成就」のご利益があるとか。

江戸っ子はココが好き

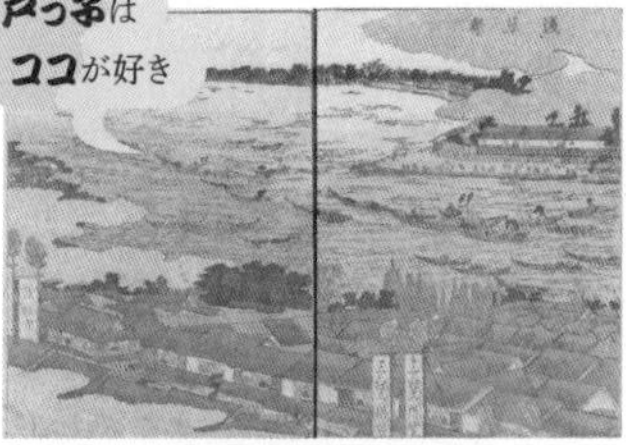

現在とは違う形の「浅草祭」

「三社祭」の起源は、正和元（1312）年に始まった船祭で、「観音祭」「浅草祭」と呼ばれた。葛飾北斎『画本東都遊 3巻』

勇ましい姿の狛犬が本殿を守っている！

台東区

TEL 03-3844-1575

台東区浅草2-3-1／境内自由（授与所は9:00～16:00）／東京メトロ銀座線浅草駅から徒歩7分／無休／Pなし

一部不可

江戸の庶民信仰

住《すみ》吉《よし》神《じん》社《じゃ》

家康が招いた大阪の住吉様がルーツ

高層マンションが立ち並ぶ傍らに、下町の風情が漂う佃島。徳川家康は、摂津国西成郡田蓑島（現・大阪市西淀川区佃）の漁夫33人と、住吉の社（現・田蓑神社）の[1]住吉三神の分霊とともに江戸へ。そして干潟に築島し、漁夫たちの故郷の名をとって佃島と命名。以来、住吉神社は漁師、問屋など佃島の人々の守り神として鎮座。

震災や戦災をくぐり抜けた

◆創建：1646（正保3）年 ◆祭神：表筒之男命（うわつつのおのみこと）、中筒之男命（なかつつのおのみこと）、底筒之男命（そこつつのおのみこと）など ◆拝観所要時間：20分 ◆鳥居の扁額は珍しい陶製。明治15（1882）年奉納で有栖川宮幟仁親王の揮毫

ココがすごい ☑ 震災や戦火に耐えた強運神社

江戸末期の貴重な文化財は今も残り、8月の例祭では4年に一度八角神輿[2]が躍動する。

注目KEYWORD

1【住吉三神《すみよしさんじん》】
伊邪那岐命が出産で亡くなった妻・伊邪那美命を追い黄泉の国へ行き、日向（現・宮崎県）で穢れを清めた際に生まれた三柱の神様。

2【八角神輿《はっかくみこし》】
住吉神社の宮神輿は関東では珍しい八角形で、天皇陛下の高御座を模したそう。4年に一度獅子頭とともに宮出しが行われる。

中央区
TEL 03-3531-3500
中央区佃1-1-14／境内自由（社務所は8:00～16:30）／東京メトロ有楽町線月島駅から徒歩5分／無休／Pなし

かつての河岸に鎮座するオーシャン・ラバー

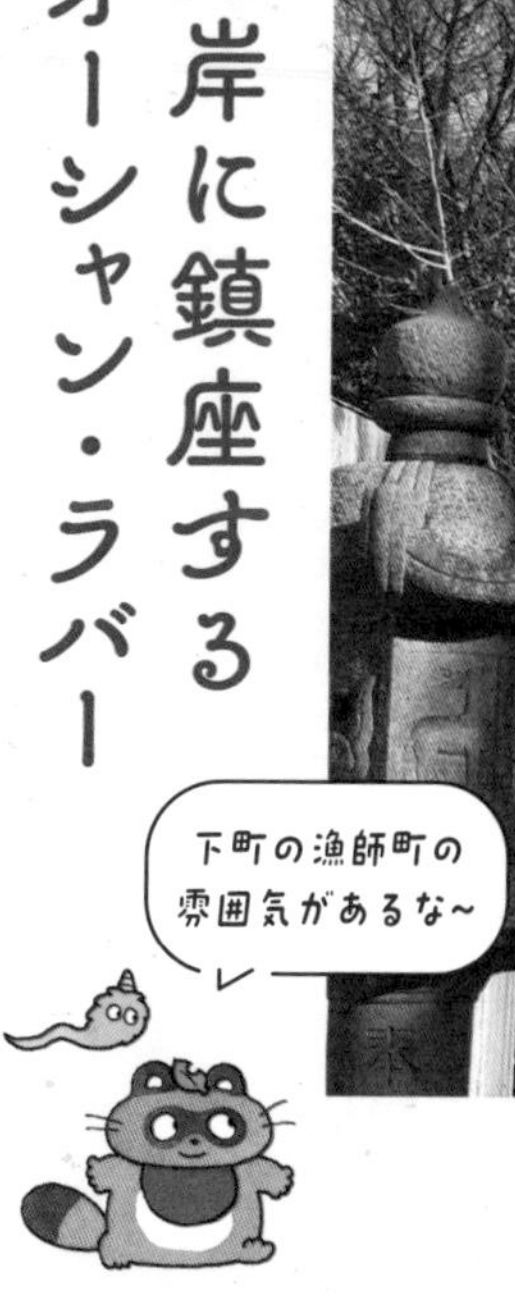

見逃せない!!!

水盤舎《すいばんしゃ》に彫られた漁民の暮らし

明治2（1869）年築の水盤舎。欄間には漁師や潮干狩りの女性がいきいきと彫られている。水盤は天保12(1841)年に奉納。

レンガ造りの旧神輿庫《きゅうしんよこ》

明治43（1910）年築のレンガ2階建て、イギリス積みの旧神輿庫。祭礼の道具を収める倉庫として使用されている。

江戸っ子はココが好き

佃煮や鰹節も！ 商売繁盛を祈願

水産加工物の問屋が多い佃島は、小魚などを煮詰めた「佃煮」の発祥地。住民は商売繁盛を祈り、鰹節問屋の信仰から境内には「鰹塚」も。葛飾北斎『画本東都遊 3巻』

回《え》向《こう》院《いん》

◆創建：明暦3（1657）年、明暦の大火で亡くなった身寄りのない人たちを供養するために大法要が行われ、お堂が建てられたのが始まり ◆本尊：阿弥陀如来 ◆拝観所要時間：20分

江戸庶民に寄り添い あらゆる人々を供養

隅田川の東側、両国橋の袂に立つ回向院。明暦三（一六五七）年、「明暦の大火」で亡くなった約10万人の無縁仏を供養するため、四代将軍・家綱の命により「万人塚」を設置。遵誉上人が大法要を行うお堂が築かれ、回向院の前身となった。その後も震災や戦災などに見舞われたが「有縁・無縁、人・動物にかかわらず、生あるすべてのものへの仏の慈悲を説く」という理念を貫徹。「猫塚」「オットセイ供養塔」など動物供養も行う。

ココがすごい ☑ 日本一の無縁寺

江戸っ子はココが好き

庶民が押し寄せるご開帳

観世音菩薩や弁財天をお参りするため、巡礼者が訪れ、善光寺など有名寺院の秘仏御開帳も行われた。
斎藤幸雄『江戸名所図会 第4（有朋堂文庫）』

力塚

江戸相撲の中心地として隆盛

明和5（1768）年以来、寺の造営・修復費用を捻出する勧進相撲が行われ、江戸の相撲の中心地に。「力塚」は昭和11（1936）年に建てられた。

見逃せない!!!

強運を祈願？ 鼠《ねずみ》小《こ》僧《ぞう》の墓《はか》

有名な鼠小僧次郎吉は天保3（1832）年に処刑され、回向院に葬られた。長年捕まらなかった強運にあやかり、参拝者が絶えない。

江戸市街の約6割を焼き尽くした明暦の大火の供養塔

身寄りの
ない人たちに
優しいな

諸宗山 回向院参道
動物も
供養して
もらえる
んだね

墨田区

TEL 03-3634-7776

墨田区両国2-8-10／境内自由（寺務所は9:00～16:30）／JR総武線両国駅から徒歩3分／無休／Pなし

一部不可

江戸の庶民信仰

湯《ゆ》島《しま》天《てん》満《まん》宮《ぐう》（湯島天神）

迷子が続出！
江戸のレジャースポット

　湯島天神の創建は古く、雄略天皇二（四五八）年とも伝わるが、菅原道真を勧請したのは正平一〇（一三五五）年。その後、太田道灌が再建。天正一九（一五九一）年には家康が湯島の土地を寄進し、道真の遺風に則り、文教の隆盛を祈願。以来、「学問の神様」として多くの学者や文人が参拝に訪れている。

　一方で、庶民にはレジャー地としても人気を集めた。江戸時代、境内は迷子が続出するほどにぎわったという。

◆創建：雄略天皇2（458）年に勅命により創建、正平10（1355）年に菅原道真を勧請したと伝わる ◆祭神：天之手力雄命（あめのたぢからおのみこと）、菅原道真 ◆拝観所要時間：40分

文京区　TEL 03-3836-0753

文京区湯島3-30-1／境内自由（社務所・授与所は9:00～16:30）／東京メトロ千代田線湯島駅から徒歩2分／無休／Pなし

一部不可

ココがすごい　☑江戸有数の盛り場

家康も願っている！天神様の理想郷

江戸っ子はココが好き

広重も描いた江戸有数の盛り場

文化9（1812）年に幕府から富くじの許可が下り、文政7（1824）年には大相撲本場所も開催。宮芝居も行われる盛り場だった。歌川広重『江都名所 湯しま天神社』

エンタメがたくさんね～

見逃せない!!!

かつて大活躍「奇縁氷人石《きえんひょうじんせき》」

昔、迷子の情報交換の役割をしたと言う石柱。右に迷子の名前を書いた紙を、左に迷子を見つけた人が特徴を書いた紙を貼ったそう。

参詣者を迎える珍しい銅鳥居

寛文7・8（1667・68）年に寄進された、都内に現存する銅製鳥居としては古いもの。神明様式で、横木は二重、柱が内側に傾いている。

注目KEYWORD

1 【天神様《てんじんさま》】

菅原道真は死後、その怒りが雷になって現れる天神（雷神）として崇められる。優秀な学者だったため、しだいに学問の神様としても祀られるようになった。

2月上旬～3月上旬は約300本の梅が咲き誇り「梅まつり」を開催

芝居の会場にもなったんだと!?

江戸の庶民信仰

王子稲荷神社《おうじいなりじんじゃ》

徳川感MAXの鮮やかさ！
かつての関東稲荷総司

◆創建：不明。康平年間（1058～65年）に源 頼義から「関東稲荷総司」の称号を賜ったと伝わる ◆祭神：宇迦之御魂神（うかのみたまのかみ）、宇気母智之神（うけもちのかみ）、和久産巣日神（わくむすびのかみ）◆拝観所要時間：30分

遠方の参詣者も集まる関東の元稲荷総司

もとは「岸稲荷」と呼ばれ、平安時代に源 頼義が「関東稲荷総司」と崇敬した記録が残る社。元亨二(一三二二)年、領主・豊島家が近隣に熊野神社を勧請して王子神社を祀ったことで、地名が「王子」と変わり、岸稲荷も「王子稲荷神社」に改称。江戸時代には徳川家の祈願所となり、歴代将軍が寄進し、社殿の造営が行われた。稲荷信仰[1]の隆盛もあって「王子の狐」の名は有名に。2月の初午[2]では五穀豊穣や商売繁盛を祈願。

注目KEYWORD

1【稲荷信仰《いなりしんこう》】
稲荷神である宇迦之御魂大神は農耕神だが、商売繁盛や火伏の神徳も加わり、江戸庶民の信仰を集めるようになった。

2【初午《はつうま》】
全国の稲荷神社では稲荷神が降臨した二月最初の午の日に「初午祭」が行われる。江戸中期から初午に王子稲荷神社では「火伏守護の凧守」を授与。

北区

TEL 03-3907-3032

北区岸町1-12-26／境内自由（社務所は9:00～16:00）／JR京浜東北線王子駅から徒歩5分／無休／Pなし

ココがすごい ☑ 広重が描いたお稲荷様

江戸っ子はココが好き

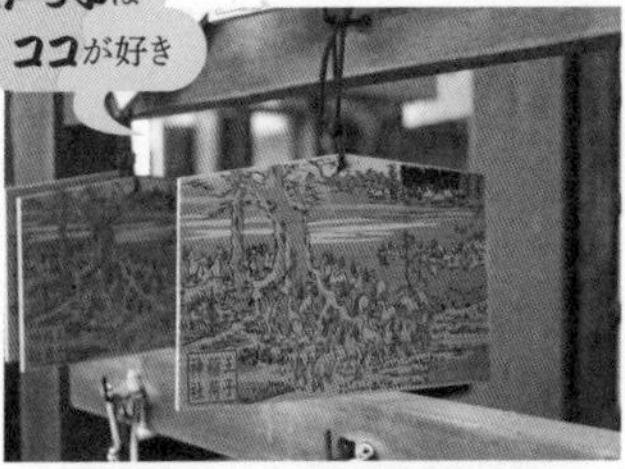

江戸っ子はみんな知る「王子の狐」

寛永年間（1624～44年）には「王子といえば狐」が常識に。「王子の狐」として落語になり、歌川広重の『名所江戸百景 王子装束ゑの木大晦日の狐火』は絵馬に使われる。

おたのしみ

王子の大晦日の風物詩

「狐の行列」

大晦日に集合した狐が身なりを整え、王子稲荷神社に詣でた伝承を再現。狐に扮した提灯行列が装束稲荷神社（下記）から王子稲荷神社までを練り歩く。

見逃せない!!!

神使いがすまうという「お穴さま」

かつては多くの狐が定住していたといわれる境内。本殿裏手の斜面には、そんな狐たちのすみかだったと伝わる狐穴が祀られている。

毎年2月の初午に授与している「火防の凧」。初穂料1800円

正門。境内の幼稚園の前にある

あわせて寄りたい!!!

装《しょう》束《ぞく》稲《いな》荷《り》

関東の狐が集合した装束榎にちなむ社

参詣前の狐が集合した「装束榎《えのき》」は昭和4（1929）年に伐採されてしまう。現在は、その分枝の榎が残っており、装束稲荷の碑も建てられている。

◆創建：不明。地域住民が榎の木を信仰していたことにはじまり、その後社が建てられた ◆「狐の行列」の出発地点

北区

北区王子2-30-13／境内自由／東京メトロ南北線王子駅から徒歩2分／Pなし

江戸の庶民信仰

妻《つま》恋《こい》神《じん》社《じゃ》

家康が社地を寄進！
恋と夢のパワスポ

◆創建：4世紀頃、嵯峨天皇の勅命で関東惣社に列し正一位を賜り、関東総司妻戀大明神と唱したと伝承 ◆祭神：日本武尊命、倉稲魂命（うかのみたまのみこと）、弟橘媛命（おとたちばなひめのみこと）◆拝観所要時間：10分

文京区

TEL 03-5577-5240

文京区湯島3-2-6／境内自由（社務所は土・日曜の11:00～15:00）／JR各線御茶ノ水駅から徒歩10分／無休／Pなし

妻を恋い慕った日本武尊が建てた⁉

社名は、日本武尊が妃の弟橘媛命を恋い慕い「妻恋明神」と号したと伝わる。関東の稲荷社として高い社格をもち、『江戸名所図会』にものる。明暦の大火、関東大震災、太平洋戦争で古い記録は焼失したが、縁起物の吉夢[1]を復刻。

「吉夢（宝船）」500円。B5版のほか、ご朱印帳に見開きで貼れるサイズも

注目KEYWORD

1【吉夢《よいゆめ》】

正月2日の夜、枕の下に敷いていい夢が見られるよう、宝船などが描かれた江戸時代に大流行した縁起物。「七福神宝船」などの絵を入れて授与している。

ココがすごい ☑関東の稲荷社では別格

江戸の庶民信仰

東《ひがし》本《ほん》願《がん》寺《じ》

江戸からある大屋根は浅草のシンボル★

◆創建：天正19（1591）年または慶長8（1603）年、神田に光端寺が開創。明暦の大火（1657年）後、現在の浅草に移転◆本尊：阿弥陀如来◆拝観所要時間：15分

台東区

TEL 03-3843-9511

台東区西浅草1-5-5／境内自由（ご朱印は9:00～15:00）／東京メトロ銀座線田原町駅から徒歩5分／無休／40台

一部不可

庶民が行き交う浅草を象徴する名所

現在の本堂は関東大震災で焼失後、昭和一四（一九三九）年に建造。迫力ある大屋根は江戸時代から続くもので、浮世絵の格好の画題に。宗祖親鸞聖人の祥月命日《しょうつきめいにち》にあたる報恩講[1]の様子も描かれている。朝鮮通信使も宿泊。

注目KEYWORD

1【報恩講《ほうおんこう》】

浄土真宗の開祖・親鸞聖人の命日（11月28日）にあわせて行われる仏事。当時の東本願寺への参詣者の様子や、浅草がにぎわう様子は、絵や川柳などに多く残されている。

葛飾北斎や歌川広重も好んで大屋根を描いた。歌川広重『江戸名所 浅草東御門跡』

☑浮世絵にも描かれた大屋根

江戸の庶民信仰

高《たか》輪《なわ》神《じん》社《じゃ》

江戸の玄関口にある ハピネス・スポット

◆創建：明応年間（1492～1501年）◆祭神：宇迦御魂神など ◆拝観所要時間：20分 ◆社殿は火災で何度も焼失しているが、石鳥居は寛文7（1667）年、狛犬は宝永6（1709）年奉納。力石や庚申塔など貴重な文化財が多数

港区

TEL 03-3441-2719

港区高輪2-14-18／境内自由（社務所は9:00～17:00）／JR各線高輪ゲートウェイ駅から徒歩3分／無休／Pなし

オフィス街に残る江戸時代の痕跡

高輪ゲートウェイ駅の西側にある。江戸時代は目前に海が広がり、『江戸名所図会』にも描かれた。当時は「稲荷社」と称し、境内の庚申堂《こうしんどう》とあわせ江戸庶民の信仰を集めた。明暦年間（一六五五～五八年）建立の太子宮[1]も必見。

注目KEYWORD

1【太子宮《たいしぐう》】

聖徳太子を信仰する職人集団が太子講で、そのお堂が「太子堂」。高輪神社では明治時代の神仏分離で神道式の「太子宮」となった。現在も建築関係者が参拝しているそう。

太子宮の石門には「アンコールワット!?」と見紛う、江戸の石工による超絶技巧の彫刻が

ココがすごい ☑『江戸名所図会』に描かれた鳥居

江戸の庶民信仰

北《きた》野《の》神《じん》社《じゃ》（牛天神）

梅も桜も愛でたい天神様♡

境内から富士山を望んだ浮世絵『礫川雪の旦』を描いたご朱印帳2000円もある

◆創建：元暦元（1184）年 ◆祭神：菅原道真 ◆拝観所要時間：20分 ◆願いが叶う「撫牛」発祥の神社。2月には境内いっぱいに梅が咲き乱れ、「紅梅まつり」（→P.236）では甘酒やオリジナルの梅が振る舞われる

大都会に突如現れるパワースポット

街なかから裏道に入り、急坂の上にある、のどかなパワースポット。源 頼朝が休息した際、菅原道真のご神託を受け、腰掛岩を奉って創建したとか。「牛天神」[1]の愛称で知られ、江戸時代には、境内の茶屋から富士山を眺望。

注目KEYWORD

1【牛天神《うしてんじん》】

頼朝の夢に現れた菅原道真が乗っていたのが黒牛。天神様の守護神なので、天神社に欠かせない存在だ。牛天神北野神社には「ねがい牛」が鎮座している。

文京区

TEL 03-3812-1862

文京区春日1-5-2／6:00～17:00（授与所は9:00～）／境内自由／東京メトロ各線後楽園駅から徒歩10分／無休／Pなし

一部不可

ココがすごい ☑「撫牛」発祥の地

O MA MO RI

かわいい♡お守り

お守りを買うなら、持っていてテンションが
上がるモチーフがいい！
そんなわがままだってかなっちゃう。

動物モチーフでキュート♡

5月第4日曜に開催される金魚まつりに合わせて出るお守り。金魚に金運祈願！ 700円

代々木八幡宮

→P.137

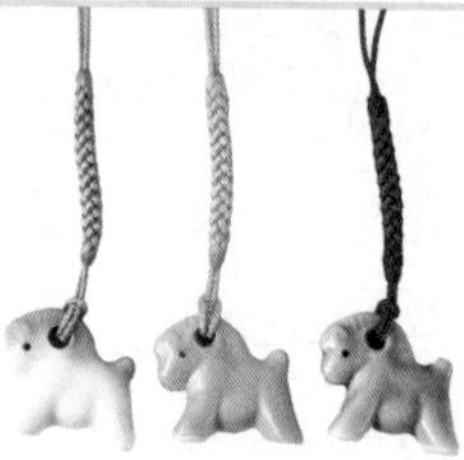

喜びを背にのせて天を駆ける馬の加護を受けられる神馬守護。
各500円

矢先稲荷神社

→P.193

生活安全を祈願。恩賜上野動物園の人気者・パンダのお守り。
600円

上野東照宮

→P.104

動物の神様を持ち歩き♡

山の神の使いである神猿(まさる)がモチーフ。2サイズあり大は各800円、小は各600円

永田町 日枝神社 →P.32

安全・健康を願う、こま犬守は各500円。裏側は狛犬の後ろ姿に社名が入る。小300円もある

七社神社 →P.143

植物モチーフで幸せUP♡

明治神宮の杜の木々で作る。ここでしか入手できない、最強の開運お守り。1000円

明治神宮 →P.48

幸福を呼ぶという花守り。青はアジサイ、ピンクは桜がモチーフ。各500円

鳩森八幡神社 →P.136

恋♡のお守りはかわいく

縁を「むすぶ」おむすび守り。ワンポイントにもかわいい。サイズは2種類。大小ともに1000円

高木神社

→P.140

鈴蘭の花言葉は「再び幸福が訪れる」。純白の花が清らかさを感じさせる縁結び鈴蘭守。800円

東京大神宮

→P.58

恋心を寄せる人の心の扉を開く鍵をモチーフにした恋愛成就 幸せ鍵守。各1000円

東京大神宮

→P.58

ポップでかわいい♡

BEAMS（ビームス）とコラボレーションした、持つだけで幸せな気分になる幸せ守り。1000円

東郷神社 →P.136

アクセ感覚でつける♡

心に秘めた願いをかなえてくれる巫水引守(かんなぎみずひきまもり)。毎月デザインが変わる。2000円

浅草神社 →P.78

江戸時代の歴史なめんなし！

徳川家と家康ゆかりの社寺

江戸城を守り、家康を神格化するための社寺を建立した徳川家。ゆかりの社寺がいっぱい！

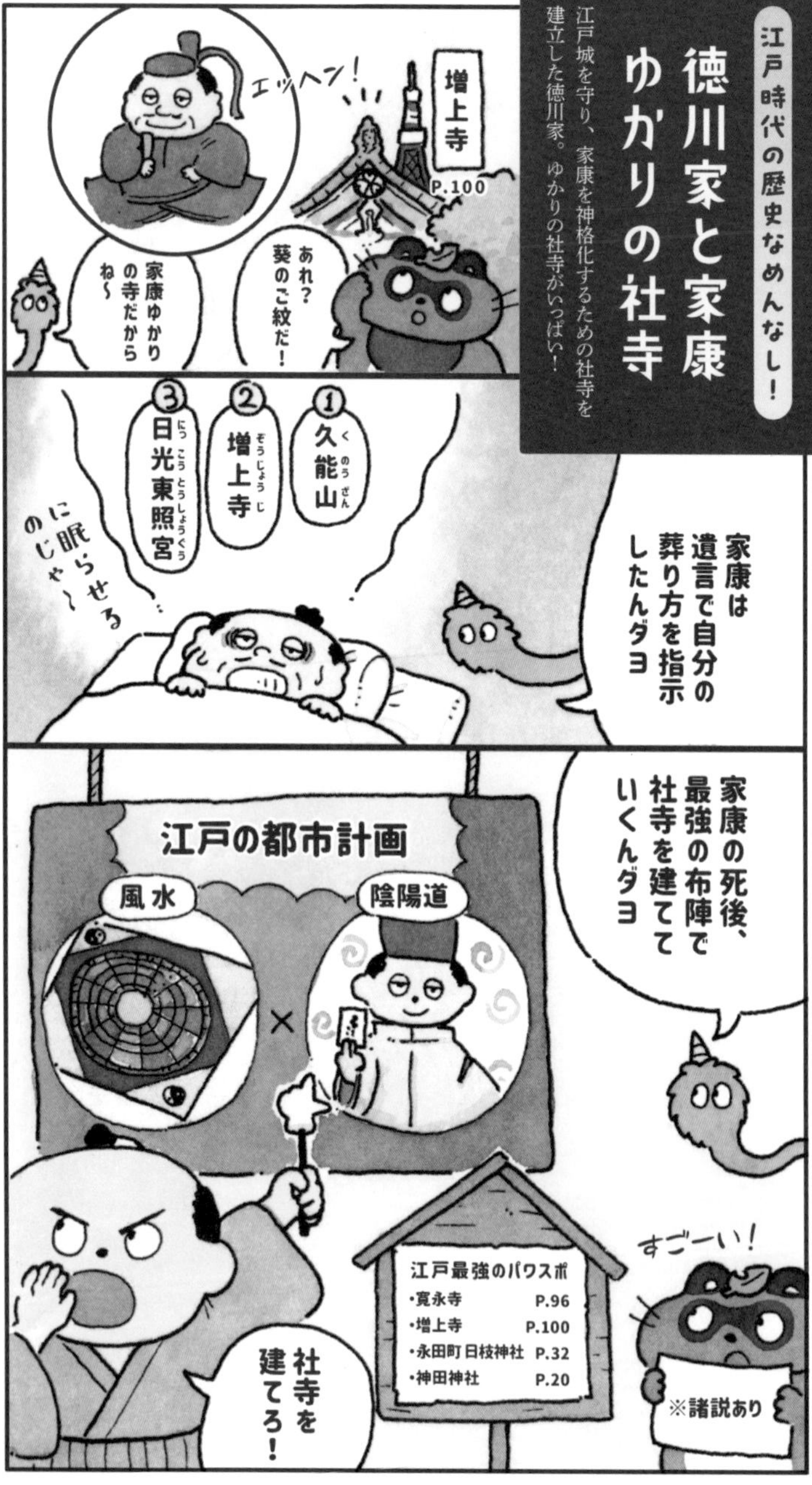

そして、家康を神格化していったんダヨ
ハハー!
ご利益は…
立身出世
勝運
開運
など
家康改メ
東《とう》照《しょう》大《だい》権《ごん》現《げん》
家康は本当に神として祀られているんダヨ
家康に任せておけば きっと安泰
神ってる…
戦国の世を治め、天下統一したことや、約260年続いた政権にちなんだご利益が得られるとされている。
寛永寺
P.96
第四代
家綱
第五代
綱吉
第八代
吉宗
徳川家の菩提寺は6人の将軍が眠っているんダヨ
第十代
家治
第十一代
家斉
第十三代
家定
じゃぁ、次は
EDO TRIPに行こー!

寛《かん》永《えい》寺《じ》

上野のお山から江戸城を守る！ 四神相応の最強パワスポ

徳川家と命運を共にした大寺院

寛永二（一六二五）年、江戸城の鬼門にあたる上野に創建。徳川家の祈祷寺で、のちに菩提寺も兼ねる。四代将軍・家綱の時代には後水尾天皇の第三皇子が入山し、以降幕末まで山主は法親王が務め、天台宗の本山として君臨。2100石だった寺領は、八代・吉宗の時代には約1万1700石まで広がる。

しかし慶応四（一八六八）年、上野戦争[1]により寛永寺の堂宇はことごとく焼け落ち、境内地も新政府に没収され

ココがすごい ☑ 江戸幕府と万民の安泰を祈願する寺

POINT

徳川家とのゆかり

将軍の寄進で築かれた大伽藍

徳川家の祈祷寺で代々の将軍が寄進。元禄11（1698）年、五代・綱吉が建立した根本中堂は間口約45.5m、高さ約32mの大伽藍。勝春朗（葛飾北斎）『浮絵 東叡山中堂之図』

徳川家のブレーン・天海大僧正

家康・秀忠・家光と三代の将軍から信頼された天海大僧正。比叡山延暦寺の復興を手掛けた経験から、寛永寺の造営を進めた。境内地には遺髪を納めた毛髪塔が建立されている。

る。明治一二（一八七九）年には根本中堂が再建され、徐々に復興が進んでいった。

注目KEYWORD

1【上野《うえの》戦争《せんそう》】
慶応四（一八六八）年七月に起こった、戊辰戦争の戦闘の一つとして明治新政府軍と旧幕府方の彰義隊が激突した戦い。舞台となったのが寛永寺境内で、わずか半日の間に多くの堂宇が焼け落ちた。

東京湾の入り江だった不忍池。初夏蓮の花見事（→P.223）

寛永寺

MI DO KO RO MAP

JR上野駅から鶯谷駅にかけての広大な敷地を有していた寛永寺。上野公園や東京国立博物館は旧境内に建つ施設ということになる。そのため見どころをすべて巡ろうとすると、かなり時間がかかる。行きたい場所やルートを事前にしっかり確認して。少し距離はあるが旧本坊表門や徳川歴代将軍御霊廟などへも。

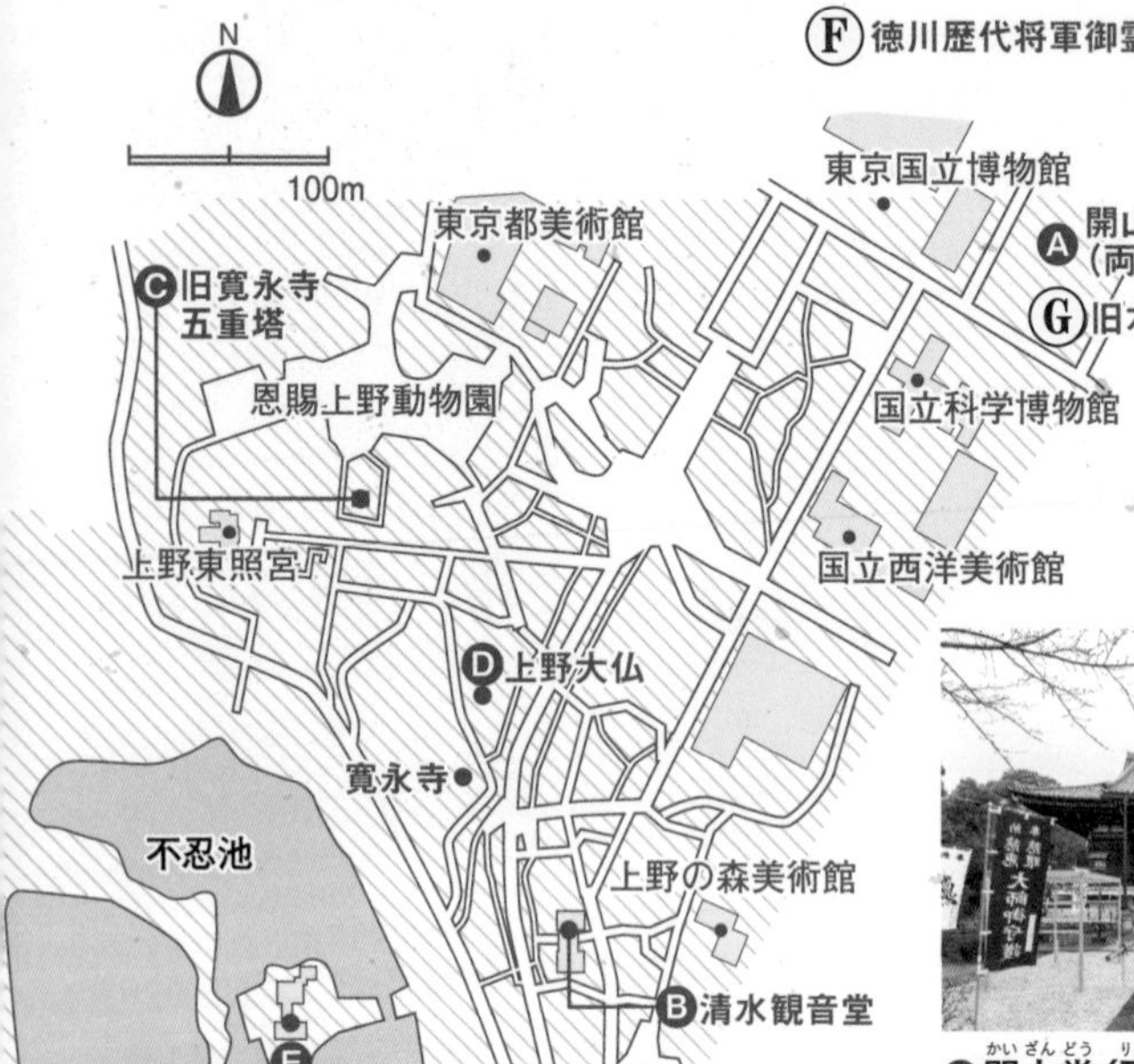

A 開山堂《かいざんどう》（両大師《りょうだいし》）

天海大僧正と良源大僧正を祀るお堂。「両大師」とも呼ばれ、庶民から篤い信仰を集めた

歌川広重『名所江戸百景 上野山内月のまつ』に描かれた曲がり松・月の松。清水観音堂からの眺め

B 清水観音堂《きよみずかんのんどう》

寛永8（1631）年天海大僧正が舞台造りで建立。京都の清水寺から迎えた千手観世音菩薩像を祀る

おたのしみ

上野と言えば!

パンダみくじ

清水観音堂では上野の人気者にちなんだ「パンダみくじ」500円を授与。表情が一つ一つ違うので気に入った表情を選んで。

まるで魔物のよう?

開山堂の護符

慈恵大師の姿を刷った護符1000円。角が生えた姿から「角大師」と呼ばれ、お札は厄除けや疫病退散のお守りとされている。

見逃せない!!!

Ⓕ徳《とく》川《がわ》歴《れき》代《だい》将《しょう》軍《ぐん》御《ご》霊《れい》廟《びょう》

歴代将軍を守る綱吉公建立の門

根本中堂の裏手側に6人の将軍が埋葬されている御霊廟。非公開だが、綱吉が造らせ、戦禍を逃れた勅額門が建つ。

Ⓖ旧《きゅう》本《ほん》坊《ぼう》表《おもて》門《もん》

上野戦争の弾痕が残る門

開山堂の隣、輪王殿の入り口にある。現東京国立博物館の敷地にあった本坊は上野戦争で焼失。この門だけ残った。

◆創建：家康と天海大僧正、二代・秀忠が相談して創建を決め、三代・家光の治世の寛永2（1625）年に発足 ◆本尊：根本中堂／薬師三尊、清水観音堂／千手観世音菩薩、開山堂／天海大僧正と良源大僧正 ◆拝観所要時間：2時間

台東区 TEL 03-3821-4440

台東区上野桜木1-14-11／9:00～17:00(施設により異なる)／境内自由／JR各線鶯谷駅から徒歩7分／無休／Pなし

一部不可

Ⓒ旧寛永寺五重塔《きゅうかんえいじごじゅうのとう》

寛永16（1639）年再建で、国指定の重要文化財。現在は恩賜上野動物園内にある

Ⓓ上野大仏《うえのだいぶつ》

木喰上人が造らせた青銅の大仏。太平洋戦争の供出令で胴体は徴用されてしまい、現在はお顔のみになっている

Ⓔ不忍池辯天堂《しのばずのいけべんてんどう》

琵琶湖の竹生島になぞらえて築かれた中之島に建つ。現在のお堂は昭和33（1958）年に再建されたもの

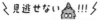

徳川家と社寺

増《ぞう》上《じょう》寺《じ》

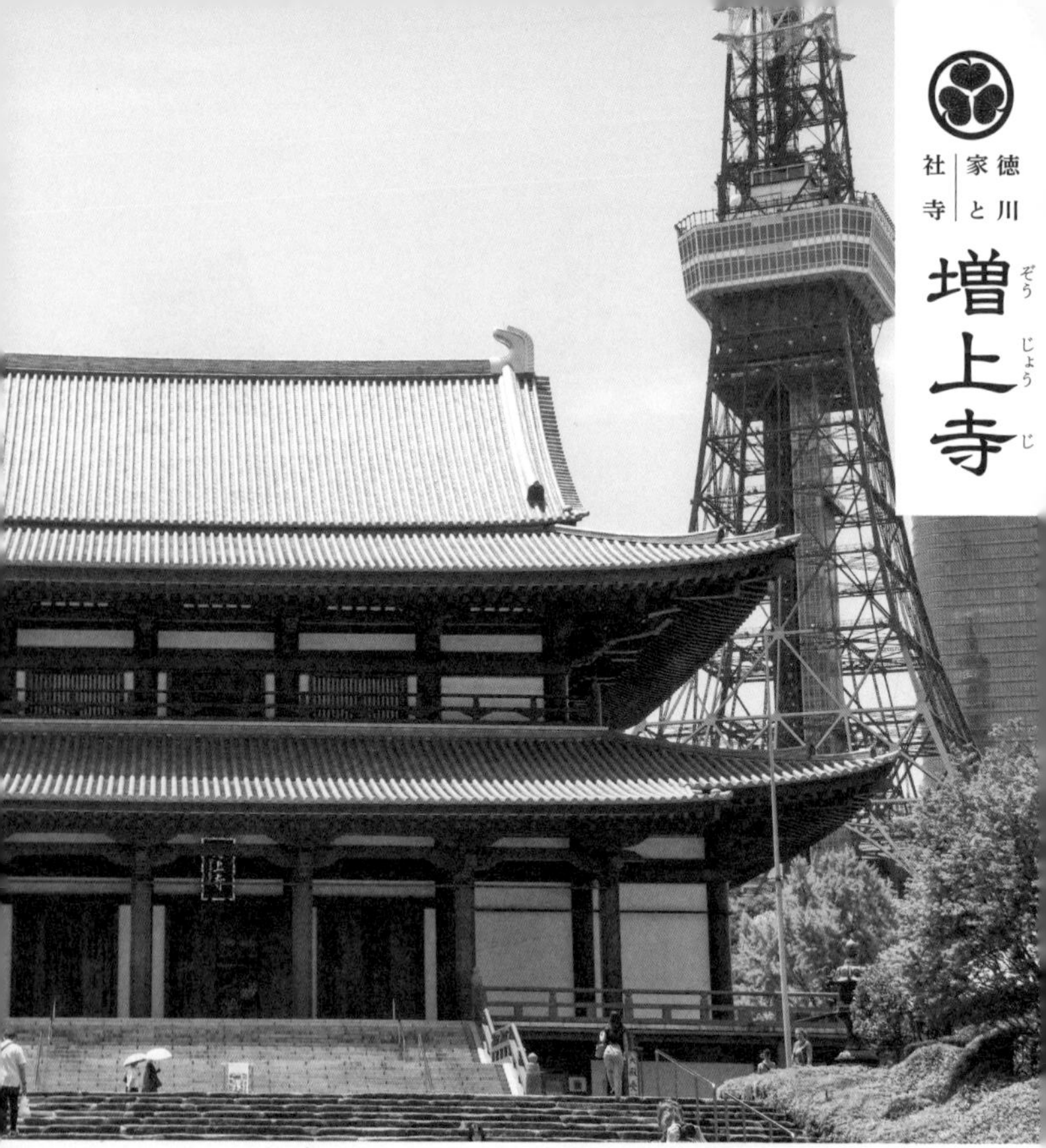

都心のド真ん中！写真映えする徳川の菩提寺

徳川家の葬儀を行った家康が愛した寺院

明徳四（一三九三）年、江戸貝塚（現・千代田区平河町付近）に創建。慶長十三（一六〇八）年には勅願所に任じられ、室町〜戦国時代は東国の浄土宗の殿堂として発展。

その一方で、天正一八（一五九〇）年、家康が菩提寺に定め、慶長三（九八）年に芝へ移転。徳川家の篤い保護を受け、17世紀には3千人の学僧が学ぶ大寺院になった。

明治時代は新政府に境内地を没収され、二度の大火にあう。大正時代に復興するが、

ココがすごい ☑ 徳川家合計 38 人が眠る菩提寺

POINT

徳川家とのゆかり

家康の葬儀が行われた寺

江戸入りした家康は、住職・源誉存応に感銘を受け、増上寺を菩提寺に選ぶ。家康が亡くなると、久能山に葬られた後、増上寺で葬儀が行われた。『台徳院霊廟奥院宝塔』（焼失）

増上寺

増上寺のシンボル三解脱門

隆盛を極めた江戸時代には、120以上の堂宇が並んだ。現存する三解脱門は元和8（1622）年の再建で、江戸期の面影を残す貴重な建築だ。歌川広重『東都名所 増上寺』

大寺院の風格だね

太平洋戦争の空襲で堂宇や旧国宝の徳川将軍家御霊廟も焼失。戦後に復興を果たした。

注目KEYWORD

1【菩提《ぼだい》寺】

代々の墓を設け、葬儀や法事を行う寺。家康は増上寺を徳川家の菩提寺にしたが、のちに寛永寺を創建。二代・秀忠は増上寺で埋葬、三代・家光は寛永寺で葬儀を行ったため、徳川家は菩提寺が二つになった。

安国殿からの東京タワー！

増上寺

MI DO KO RO MAP

まずは正面入り口、日比谷通り沿いにある三解脱門と、並びにある黒門をチェック。境内に入ったらお参りする前に、貴重な建築の水盤舎も見たい。大殿を参拝したら、地下の宝物展示室を見学してもいい。安国殿の奥にある徳川将軍家墓所は必訪の参拝どころ。将軍や正室、側室たちが眠る厳かな雰囲気を味わって。

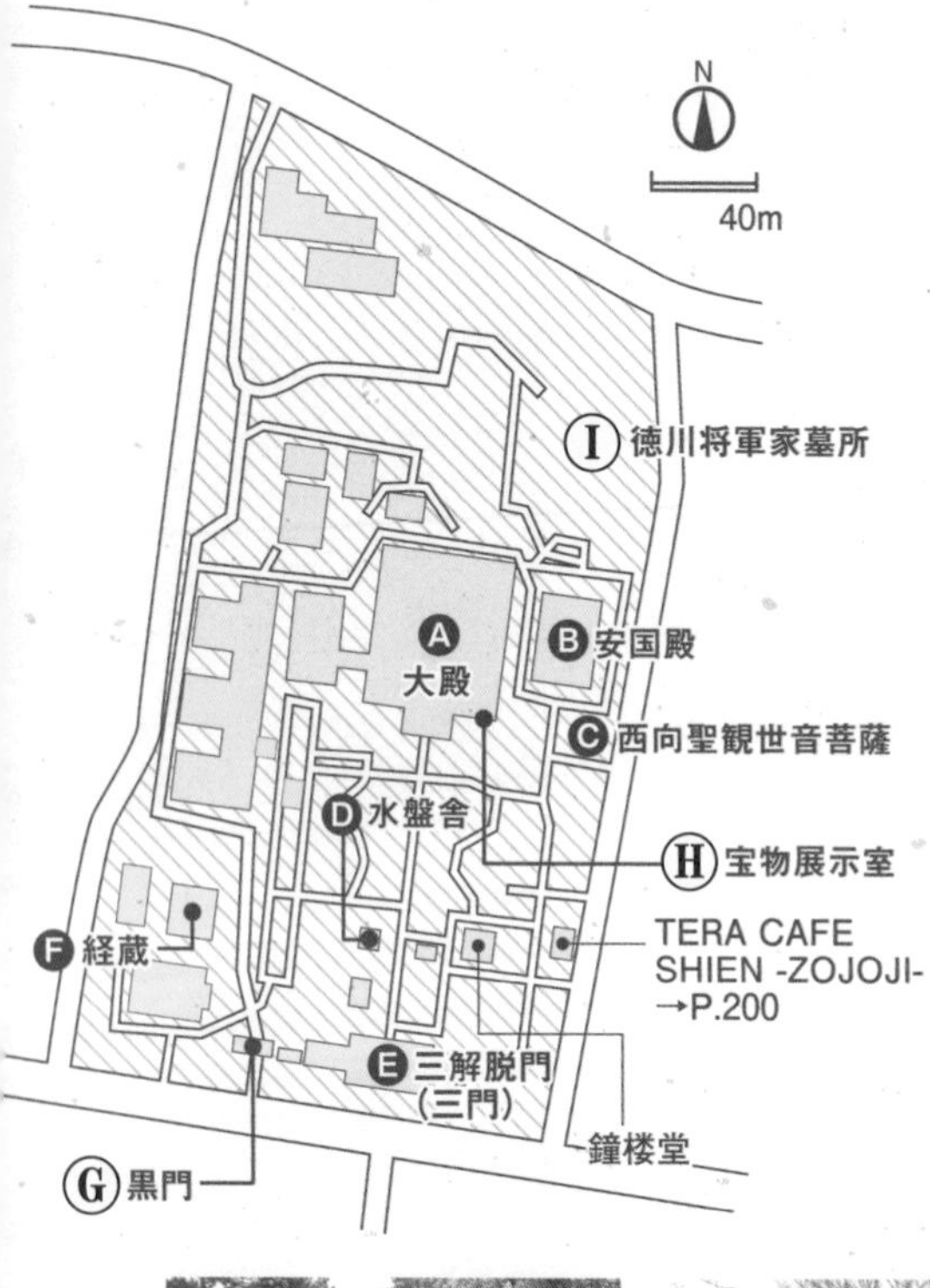

Ⓐ 大殿《だいでん》

昭和49（1974）年再建。2階に本堂、3階に修行道場がある

Ⓑ 安国殿《あんこくでん》

平成22（2010）年建立。恵心僧都作と伝わる秘仏・黒本尊を安置

Ⓓ 水盤舎《すいばんしゃ》

三代・家光の三男・綱重の霊廟にあったものを昭和53（1978）年に移築

Ⓒ 西向聖観世音菩薩《にしむきせいかんぜおんぼさつ》

鎌倉幕府五代執権・北条時頼が観音山に辻堂を建てて子育てや安産を祈願

見逃せない!!!

Ⓘ徳《とく》川《がわ》将《しょう》軍《ぐん》家《け》墓《ぼ》所《しょ》

歴代将軍が安らかに眠る

旧国宝に指定されるほど壮麗な本殿・拝殿などを有していたが、戦禍で焼失。戦後に学術調査ののち現在地にまとめて改葬された。二代・秀忠をはじめ将軍6人、その正室や側室、皇女和宮もここに眠る。拝観は500円。

現在の墓所の門は、文昭院殿(六代・家宣)霊廟である宝塔前の中門を移築したもの

Ⓖ黒《くろ》門《もん》

場所を移動した旧方丈門

慶安年間(1648〜52年)、三代・家光の奇進と伝わる。かつては増上寺方丈の表門だった。

Ⓗ宝《ほう》物《もつ》展《てん》示《じ》室《しつ》

徳川の権勢が伺える模型

焼失した二代・秀忠の霊屋「台徳院殿霊廟」の模型を常設展示。展示室への入館は700円。

おたのしみ

正真正銘! 葵の御紋

絵馬とお守り

増上寺では勝運葵絵馬500円も三つ葉葵の徳川家の家紋入り。葵の家紋をモチーフにした根付タイプの開運葵メタル700円もさりげなくておしゃれ。

Ⓔ三《さん》解《げ》脱《だつ》門《もん》(三門)

江戸初期の面影を残す唯一の建造物で国指定重要文化財。釈迦三尊像と十六羅漢像を安置

Ⓕ経蔵《きょうぞう》

徳川家の支援により建立。家康が寄進した大蔵経が収蔵されていた(現在は収蔵庫に保管)

◆創建:明徳4(1393)年、酉誉聖聰上人により創建
◆本尊:阿弥陀如来 ◆拝観所要時間:1.5時間

港区 TEL 03-3432-1431

港区芝公園4-7-35/9:00〜17:00/境内自由/都営地下鉄三田線御成門駅から徒歩3分/無休/Pなし

一部不可

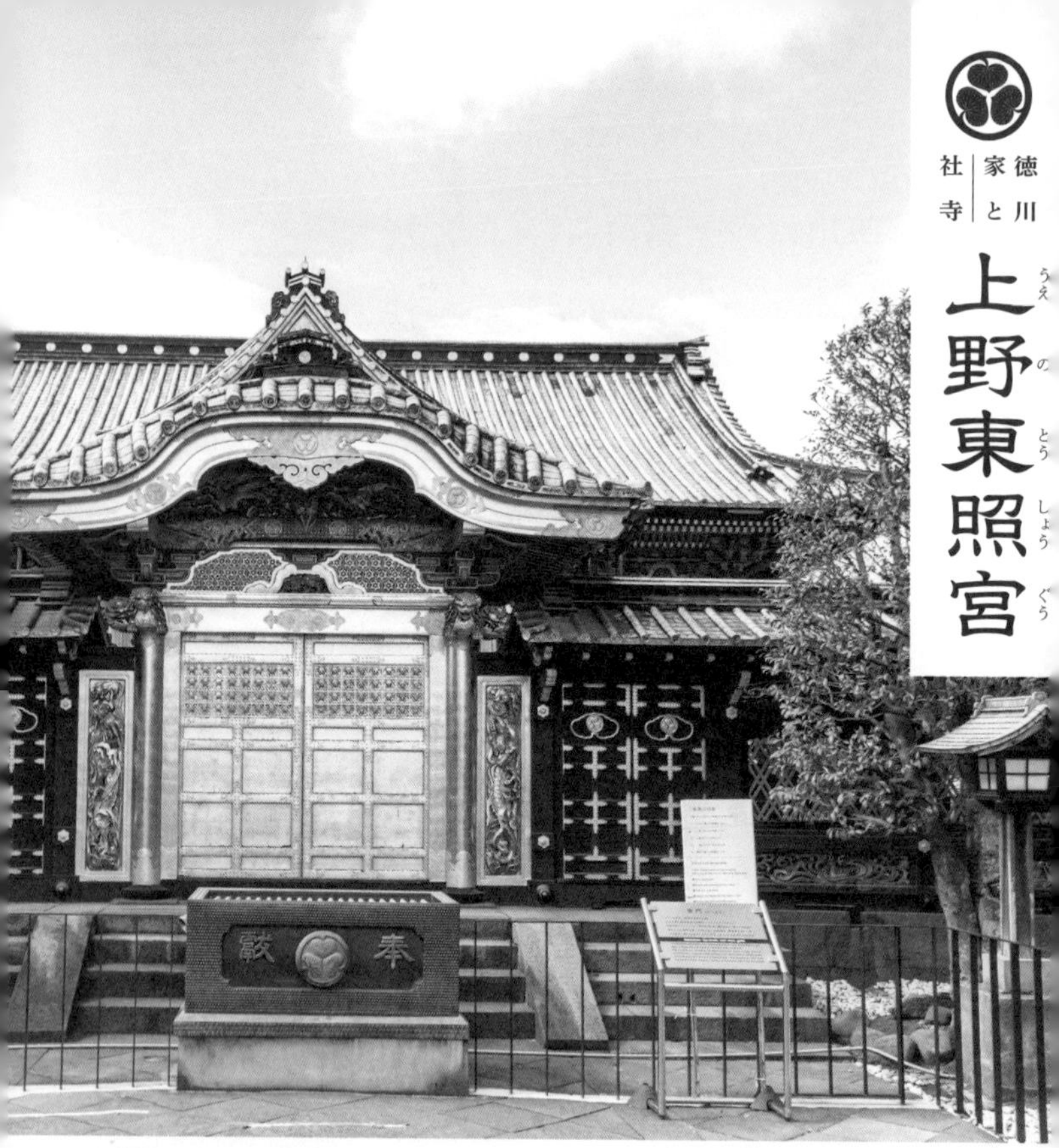

徳川家と社寺

上《うえ》野《の》東《とう》照《しょう》宮《ぐう》

職人技の唐門と社殿はマスト！ 光り輝く東照宮

戦禍を逃れた強運！ 壮麗な江戸の社殿建築

上野公園の中心地から離れ、奥まった静かな場所にある。寛永二（一六二五）年、家康から遺言を受けた津藩主・藤堂高虎と天海大僧正は、高虎の屋敷地であった上野に寛永寺を創建。そのお堂の一つとして、家康を「東照大権現」[1]として祀る東照社を建立したのが始まり。

特筆すべきは、幕末の上野戦争、関東大震災、太平洋戦争などの戦禍や災害で延焼しなかった幸運。三代将軍・家光が造営替えをした際に建て

ココがすごい ☑ 江戸時代の面影を残す文化財

POINT

徳川家とのゆかり

重要な位置付けの東照宮

元和2（1616）年、駿府城で逝去した家康は久能山で葬られ、翌年日光山の東照宮へ改葬。その後、東照宮は全国に創建されたが、上野東照宮は徳川家との縁が深く、重要な意味をもつ。

徳川御三家からの銅灯籠

慶安4（1651）年、家康の36回忌に際して、尾張・紀伊・水戸の徳川御三家から2基ずつ銅灯籠が奉納され、唐門の両側に設置。想像上の動物・蜃（しん）や天女などを装飾。

られた金色殿（社殿）、唐門、透塀が現存し、華麗な姿を今も拝むことができる。

注目KEYWORD 1

【東照大権現《とうしょうだいごんげん》】

徳川家康が後水尾天皇から与えられた神号で、東照宮の祭神。秀吉の「豊国大明神」のように明神号を使う案もあったが、権現号を用いるように天海大僧正がすすめ、最終的には二代・秀忠が権現号に決めたという。

全国の大名が奉納した石灯籠が並ぶ参道。徳川の威光を物語る

Ⓐ栄《えい》誉《よ》権現社《ごんげんしゃ》（御狸様）

悪業狸を祀った栄誉権現社。強運や受験・必勝にご利益があるという

上野東照宮

MI DO KO RO MAP

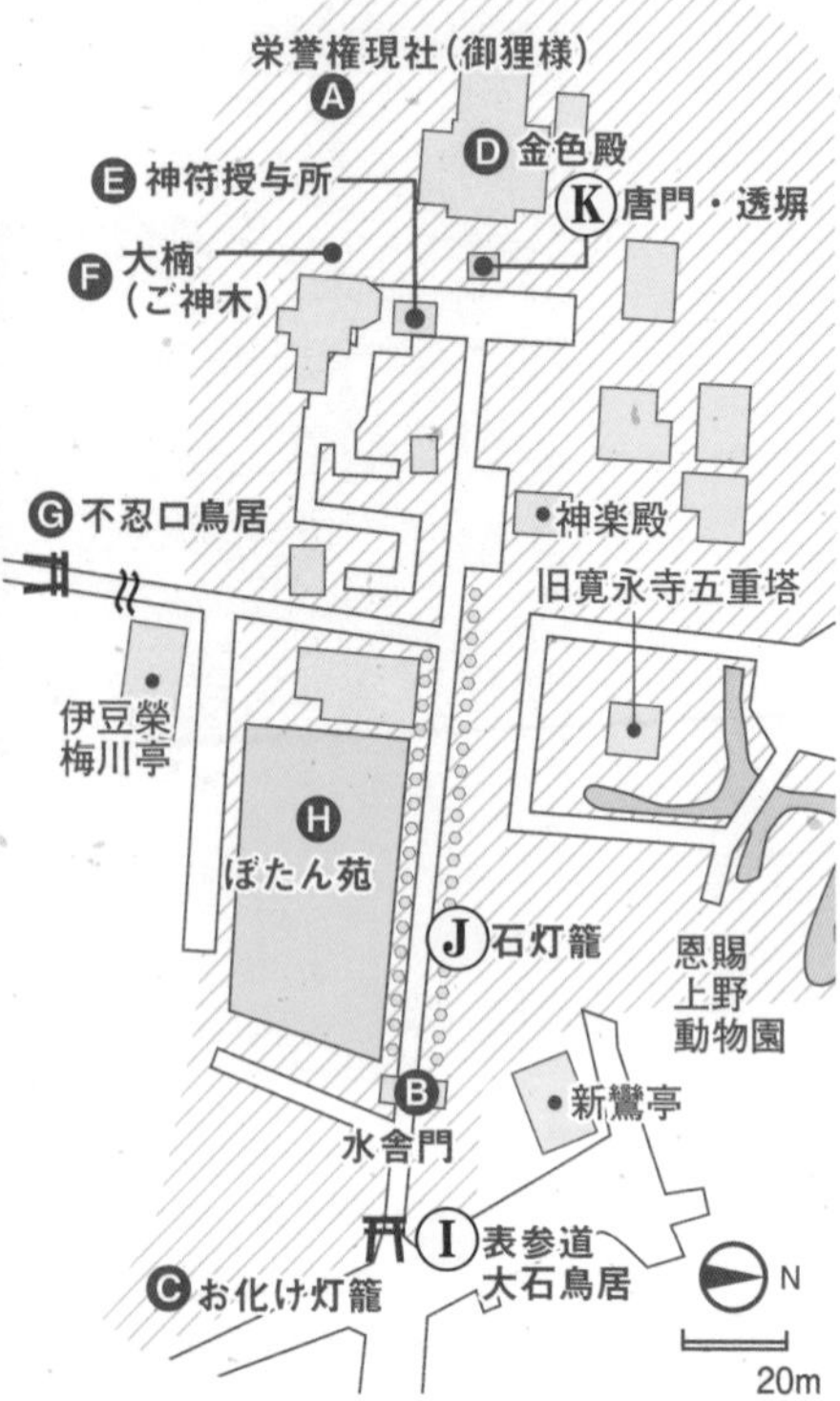

上野恩賜公園野球場の向かいから始まる参道の長さが社格の高さを感じさせる。大石鳥居をくぐり、水舎門をくぐると、両側に並ぶ石灯籠。正面に見えてくる社殿がまばゆいばかりに輝く金色殿だ。ご神木の大楠や栄誉権現社（御狸様）も拝観エリアにある。境内からは離れているが、巨大なお化け灯籠も見ておきたい。

公園内の散策を楽しむのもいい。また、徳川の菩提寺・寛永寺（↓P.96）にもあわせて訪れたい。

◆創建：寛永4（1627）年、天海大僧正と津藩主・藤堂高虎により建立され、正保3（1646）年に正式な宮号を授けられて「東照宮」となった ◆祭神：東照大権現 ◆拝観所要時間：30分

台東区

TEL 03-3822-3455

台東区上野公園9-88／9:00～17:30（10～2月は～16:30）／500円（一部）／JR各線上野駅から徒歩5分／無休／Pなし

一部不可

Ⓒお化《ば》け灯籠《とうろう》

安土桃山～江戸時代の武将・佐久間勝之が奉納。全長6mほどと巨大なことから命名

Ⓑ水《みず》舎《や》門《もん》

社殿前にある水舎の上屋を、昭和39（1964）年に門として移築したもの

D 金《こん》色《じき》殿《でん》

拝殿・幣殿・本殿の3つからなる権現造り。拝観料500円を払うと近くで見学できる

見逃せない!!!

K 唐《から》門《もん》・透《すき》塀《べい》

今にも動き出しそう？
極彩色の彫刻美

名工・左甚五郎が唐門に彫った昇り龍・降り龍は、不忍池に水を飲みに行くという伝説がある。透塀は、動植物や生きものが彫られ、鮮やかに着色されている。

I 表《おもて》参《さん》道《どう》 大《おお》石《いし》鳥《とり》居《い》

関東大震災にも耐えた

重臣・酒井忠世が寛永10（1633）年に奉納。備前御影石を使用している。

J 石《いし》灯《どう》籠《ろう》

大名が競って寄贈した

約250基の石灯籠。社殿造営の慶安4（1651）年に各地の大名が奉納。

おたのしみ

強運をもたらす！

昇龍守

徳川家康や上野東照宮の強運にあやかった、昇龍守1500円は、毎月16～18日限定で授与される。

金色殿の刺繍入り

御朱印帳

社殿・唐門や昇り龍・降り龍を刺繍したご朱印帳はオリジナル。三つ葉葵の社紋柄入りもある。1500円。

E 神《しん》符《ぷ》授《じゅ》与《よ》所《しょ》

お守りやお札などを授与。透塀の内側やご神木などを見られる拝観有料エリアはここから

F 大楠《おおくすのき》（ご神木）

高さ約25m、樹齢600年以上の大楠のご神木で、「上野の祖木」と言われている

G 不《しの》忍《ばず》口《ぐち》鳥《とり》居《い》

明治6（1873）年、江戸城内の紅葉山東照宮から移築された、御影石の鳥居

H ぼたん苑《えん》

日本庭園に多彩なぼたんが。1月～2月中旬、4月中旬～5月中旬に公開（→P.216）

徳川家と社寺

芝《しば》東《とう》照《しょう》宮《ぐう》

等身大の家康像がご神体！詣でれば出世確実？

奇跡的に残った寿像と大イチョウは必見

慶長六（一六〇一）年、還暦を迎えた家康は自らの等身大の寿像を彫らせ、駿府城で祭儀を行った。臨終の際、増上寺僧侶に「永世国家の守護」とするよう遺言し、元和三（一六一七）年に寿像を祀る安国殿[1]として造営された。

寛永一八（一六四一）年の造営替え当時の姿を留めており、旧国宝だった社殿は昭和二〇（一九四五）年五月の空襲で焼失。寿像とご神木の大イチョウだけが奇跡的に残り、今も鎮座している。

ココがすごい ☑ 戦火を逃れたご神像

POINT

徳川家とのゆかり

鳥居の扁額は
家康の子孫の筆

鳥居に掲げられている扁額《へんがく》は宗家一六代・家達によるもの。家達は静岡藩知事、貴族院議長などを務めた人物。

見逃せない!!!

ご神木

家光が植えたという
東京都の天然記念物

寛永18（1641）年、安国殿再建の際に三代・家光が植えたと伝わる大イチョウ。

狛犬

江戸中期を知る
歴史的な証人

参道の狛犬は、天明8（1788）年に奉納。江戸時代中期の姿を残す唯一のもの。

日光杉でできた「芝東照宮道中安寧守」はご朱印と一緒に授与。初穂料500円

◆創建：元和3（1617）年、増上寺境内に安国殿として創建。慶長6（1601）年、家康自らが命じて彫らせた寿像を祀る廟で、明治の神仏分離の際に増上寺から離れて東照宮と称した ◆祭神：徳川家康 ◆拝観所要時間：20分

港区

TEL 03-3431-4802（芝大神宮社務所）

港区芝公園4-8-10／境内自由（社務所は9:00～16:30）／都営三田線御成門駅からすぐ／無休／Pなし

一部不可

注目KEYWORD

1 **【安国殿《あんこくでん》】**

最初は増上寺の「安国殿」として建てられた芝東照宮。明治時代初期に分離して「東照宮」と称し、家康の寿像を本殿に安置した。増上寺は昭和四九（一九七四）年、境内に「安国殿」を設けている。

湯《ゆ》島《しま》聖《せい》堂《どう》

江戸時代から続く学び舎の伝統

儒学[1]に傾倒した五代将軍・綱吉は元禄三（一六九〇）年、将軍に仕えた儒学者・林《はやし》羅《ら》山《ざん》が邸内につくった孔子廟と私塾を湯島に移転させ、大成殿[2]や学舎を建てた。これが寛政九（一七九七）年開校の昌平坂学問所の前身で、武家教育の基礎として儒学が教えられた。

明治に入ると廃校になるが、同地には東京師範学校（のちの筑波大学）が置かれ、学問所の伝統は現代まで続いている。

注目KEYWORD

1【儒学《じゅがく》】
中国の思想家・孔子を始祖とする信仰が「儒教」で、その教えを学ぶのが「儒学」。孔子を祀るお堂は「孔子廟」と呼ばれている。

2【大成殿《たいせいでん》】
孔子廟の正殿で、内部には中央に孔子像、左右には四賢人を祀る。屋根の両端に鎮座する鯱は、火災除けのために潮を吹いている。

POINT

徳川家とのゆかり

武家の教育を担う昌平坂学問所

寛政9（1797）年に聖堂の敷地を拡げ、幕府直轄の昌平坂学問所を開校。歌川広重『名所江戸百景 昌平橋聖堂神田川』

大成殿は孔子廟の正殿。現存のものは昭和10（1935）年に建築家・伊東忠太が設計

ココがすごい ☑ 近代教育の発祥地

かつての学び場で感じる知性と品格…

◆創建：五代将軍・綱吉の命で林羅山が上野忍ヶ岡に建てた孔子廟を、元禄3（1690）年に神田台へ移し聖堂と称した ◆祭神：孔子 ◆拝観所要時間：20分 ◆土・日曜、祝日は大成殿を公開（10:00～閉門）。ご朱印は斯文会館で受付

見逃せない!!!

江戸時代から残る入徳門《にゅうとくもん》

宝永元（1704）年築の入徳門は江戸時代から残る貴重な木像建造物だ。扁額《へんがく》は江戸時代中期の公卿・持明院基輔の筆によるもの。

孔子は約2500年前、中国・魯の国の昌平郷に生まれたと伝わる

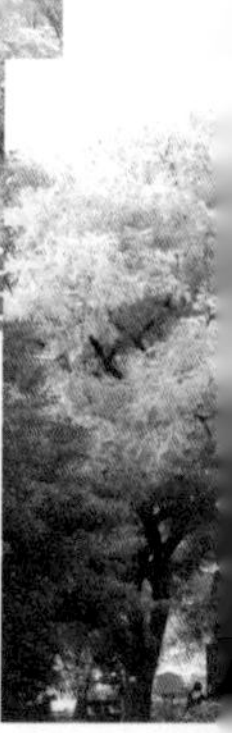

孔子の墓所に生えていた木の種子を持ち帰り育てられたというカイノキ

文京区 TEL 03-3251-4606（斯文会）

文京区湯島1-4-25／9:30～17:00（冬季は～16:00）／境内自由／JR各線御茶ノ水駅から徒歩2分／無休／Pなし

一部不可

徳川家と社寺

愛《あ》宕《たご》神《じん》社《じゃ》

出世の石段を駆け上る！
家光に献上した梅は必見

大都会の小さなお山に鎮座する火除けの神様

東京タワーや虎ノ門ヒルズに近い、標高約26メートルの愛宕山に鎮座。家康が防火の神として祀って以来、徳川家の崇敬が篤い。男坂は、馬で上り将軍・家光に梅を献上して名を上げた曲垣平九郎《まがきへいくろう》の逸話から「出世の石段」とも。

◆創建：慶長8（1603）年、徳川家康の命により防火の神として祀る ◆祭神：火産霊神（ほむすびのかみ）など ◆拝観所要時間：10分

社殿前には、曲垣平九郎が将軍・家光に献上したと伝わる将軍梅が植えられている

港区

TEL 03-3431-0327

港区愛宕9-16／境内自由（社務所は9:00～16:00）／東京メトロ日比谷線神谷町駅から徒歩5分／無休／5台

一部不可

ココがすごい ☑ 急坂にある「出世の石段」

池《いけ》上《がみ》本《ほん》門《もん》寺《じ》

紀州徳川家とゆかりの深い日蓮宗の大本山

徳川家や加藤清正の後ろ盾で江戸期に発展

日蓮聖人が61歳で入滅（臨終）した地で、日蓮宗の最重要寺院。江戸時代は徳川家が後ろ盾となり発展。江戸で逝去した紀州徳川家の正室・側室の墓所、徳川頼宣の正室で加藤清正の娘・瑤林院が建立した供養塔も残っている。

家康の側室で紀州徳川家初代・頼宣の生母であったお万の方（養珠院）の墓所もある

◆創建：弘安5（1282）年、療養のため常陸に向かっていた日蓮聖人が郷主・池上宗仲の館で入滅。池上氏が土地を寄進し、堂塔が整備されたのが始まり◆本尊：釈迦牟尼世界 ◆拝観所要時間：30分

大田区

TEL 03-3752-2331

大田区池上1-1-1／境内自由（寺務所は9:30～16:00）／東急池上線池上駅から徒歩10分／無休／100台

一部不可

ココがすごい ☑ **日蓮聖人入滅の霊場**

ちょっと遠くへ

髙《たか》尾《お》山《さん》薬《やく》王《おう》院《いん》

諸大名に守られた天狗の山は異世界への入口か?

天狗が守る霊山は富士山へも通ずる?

高僧・行基により天平一六（七四四）年に開山したと伝わる。不動明王の仮の姿・飯縄大権現が本堂に祀られたのは永和年間（一三七五〜七九年）のことだそう。戦国時代には北条氏の領土となり、天文年間（一五三二〜五五年）に氏康が浅間大菩薩を現在の奥之院に勧請。薬師堂の大修理を行うなど、北条家により山全体を保護。江戸時代になり徳川の領地になっても守られ続けた。

浅間大菩薩を祀っていること

約270mを6分で上るケーブルカー。傾斜角度日本一の地点がある

知っとこ
豆知識

大《だい》天《てん》狗《ぐ》像《ぞう》

**ご本尊を守る
威厳ある天狗様**

真っ赤な顔に高い鼻、葉うちわを持った姿。神通の力で開運をもたらすという。カラスのようなくちばしの小天狗像も。

富《ふ》士《じ》山《さん》信《しん》仰《こう》

**東海道を進む
富士講で栄えた**

日本最高峰の富士山は神がすむ神聖な地。大勢が富士山を目指し、東海道は大いに栄えた。五雲亭貞秀『東海道六郷渡風景』

◆創建：天平16（744）年、聖武天皇の勅命により、東国鎮護の祈願寺として行基により開山。永和元（1375）年には京都醍醐山から俊源大徳が入山し、飯縄大権現を祀った ◆本尊：飯縄大権現 ◆拝観所要時間：3時間

八王子市 **TEL 042-661-1115**

八王子市高尾町2177／境内自由（受付所は9:00～16:00）／高尾山ケーブルカー高尾山駅から徒歩20分／無休／250台

とから、江戸時代には富士道者[1]がこぞって参詣。薬王院から小仏峠に通じる道（現在は通行止め）は「富士道」と呼ばれ、そこから霊山・富士山を仰ぎ見たという。

境内には飯縄大権現[2]の守護役とされる天狗像があるほか、一般参拝者向けの修行体験なども実施している。

注目KEYWORD

1【富士道者《ふじどうしゃ》】
富士山詣でのために富士登山をした人たちの総称。江戸時代は富士山は女人禁制だった。（↓P.6）

2【飯縄大権現《いづなだいごんげん》】
不動明王が衆生を救済するために化身。上杉謙信や武田信玄などの戦国武将も篤く信仰したそう。

高尾山薬王院

MI DO KO RO
MAP

世界的ガイドブックにも紹介されている高尾山は、都内屈指のハイキングスポット。山の中腹にある薬王院は見どころが点在。浄心門から四天王門まではゆっくり歩いて20分ほど。四天王門入ってすぐの場所に天狗像と授与所がある。本社手前には鳥居があり、神仏習合の名残を感じる。

　境内は基本的に上り坂か階段なので、履きなれた靴で訪れたい。奥之院の不動堂からさらに15分ほど歩くと高尾山の山頂がある。

Ⓐ浄心門《じょうしんもん》

薬王院の入口。この先はどんなに小さな生き物でも殺生を禁じられている。本堂はまだ先

Ⓑたこ杉《すぎ》

盤根がタコの足のように見えることから命名。天狗が腰かけたとされ天狗の腰掛け杉とも

タコの吸盤？ のように大きく穴が開いている場所も！ 樹齢700年以上と言われる

Ⓓ四天王門《してんのうもん》

総檜造りの多聞天、広目天、増長天、持国天を祀る山門。2階には弘法大師が祀られている

おたのしみ

焼きたてを食べたい
天狗焼《てんぐやき》

その場で焼いてくれる天狗焼はケーブルカー高尾山駅すぐの高尾山カスミで販売。1個200円。10:00～16:30（冬季は～16:00）に提供。

天狗様のご加護を
天狗守《てんぐまもり》

天狗の開運うちわで開運招福をもたらすとされているお守り。魔を絶ち、悪いものを斬ってくれるのだとか。各800円。持ち歩くのにもかわいい。

見逃せない!!!

Ⓘ神《じん》変《べん》堂《どう》

超健脚で知られる修験道の開祖を祀る

浄心門を入って左手にあるお堂。修験道の開祖である役行者(えんのぎょうじゃ)・神変大菩薩(じんぺんだいぼさつ)を祀る。

Ⓙ富《ふ》士《じ》浅《せん》間《げん》社《しゃ》

富士山参拝と同じだけの効力が?

小田原北条氏が勧請した浅間大菩薩を祀る社。富士山への参拝と同じご利益があるとされ、武将たちも参詣したとか。

Ⓒ男坂《おとこざか》/女坂《おんなざか》

右手が緩やかな坂道(女坂)、左手に進むと108段の階段(男坂)。体力に合わせて選択を

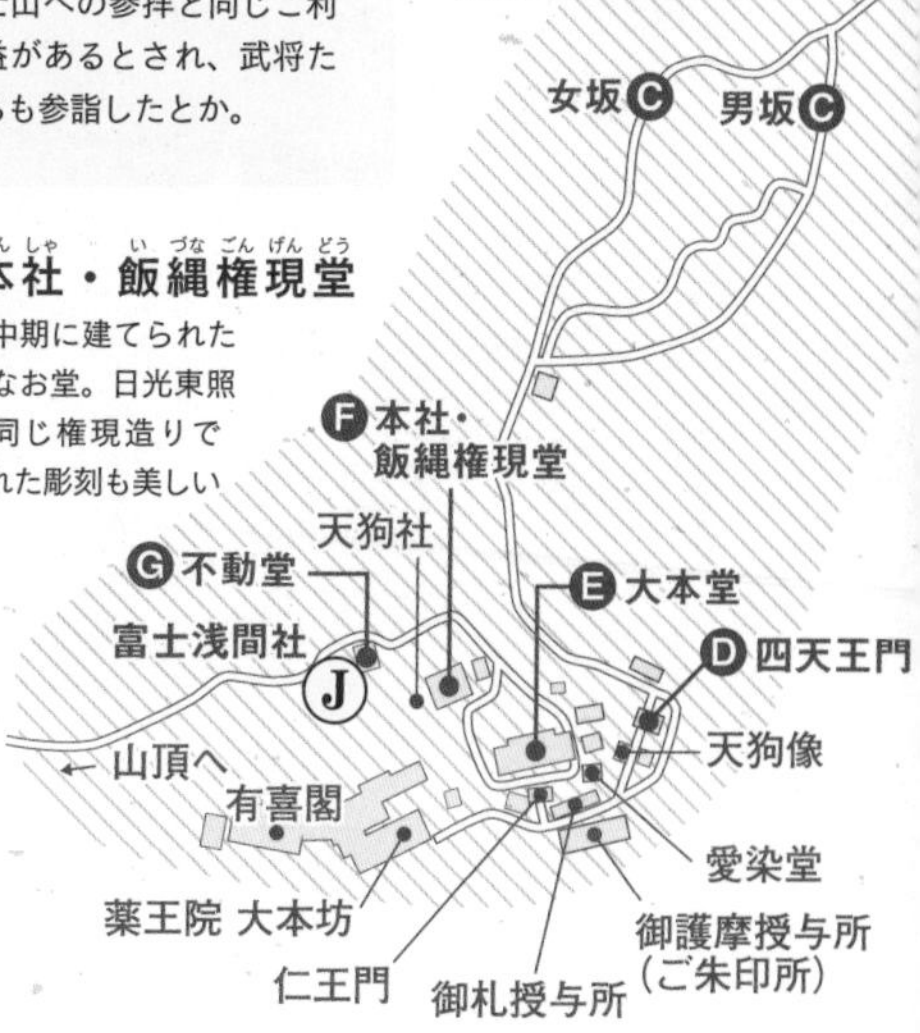

Ⓕ本社《ほんしゃ》・飯《い》縄《づな》権《ごん》現《げん》堂《どう》

江戸中期に建てられた豪華なお堂。日光東照宮と同じ権現造りで施された彫刻も美しい

Ⓖ不《ふ》動《どう》堂《どう》

薬王院の奥之院に当たるお堂で、不動三尊を祀る。扉が閉まっていて本尊は見れない

山頂の見晴らし台からは富士山を望める。冬の午前中がおすすめ

Ⓔ大《だい》本《ほん》堂《どう》

開山本尊の薬師如来を祀る。本堂向かって右手に大天狗、左手に烏天狗の面がある

武《む》蔵《さし》御《み》嶽《たけ》神《じん》社《じゃ》

豪華絢爛！
江戸の西の護り神

関東一円から集まる山岳信仰の集合地点

創建は崇神天皇の御代と伝わるほど古く、天平八（七三六）年には僧侶・行基が東国鎮護を祈願して、金剛蔵王権現像を安置したと伝わる。平安時代の『延喜式神名帳』[1]では「大麻《おおま》止《と》乃《の》豆《つ》乃《の》天神社《あまつかみやしろ》」として記されており、霊山として知られていたという。

天正一八（一五九〇）年には、徳川家康が30石を寄進。江戸時代に入った慶長一一（一六〇六）年には、家康の命で南向きだった社殿を「江戸の西の護り」とするために

ココがすごい ☑古くから信仰される関東の霊山

愛犬のご祈祷を行う（9:00～16:00／1頭3000円～）ほかペット守りなどもある

知っとこ
豆知識

霊《れい》場《じょう》・御《み》嶽《たけ》神《じん》社《じゃ》

山奥のお社を目指して集まる

御嶽信仰による講で江戸時代から大勢が訪れた。柳斎雪信『武蔵国御嶽山絵図面』（東京都立中央図書館所蔵）

東《ひがし》馬《ば》場《ば》

歴史ある宿坊は都の文化財の建物

神社の神主・御師が営む宿坊・茶房。茅葺屋根の建物は慶応2（1866）年に建てられ、都の有形文化財に登録されている。

◆創建：天平8（736）年、崇神天皇の御代と伝わる。建久2（1191）年には源頼朝によって社殿が修理されている ◆祭神：櫛麻智命、大己貴命、少彦名命、日本武尊、廣國押武金日命 ◆拝観所要時間：3時間

青梅市 TEL 0428-78-8500

青梅市御岳山176／境内自由（社務所は9:00～16:00）／御岳山ケーブルカー御岳山駅から徒歩25分／無休／なし（ケーブル滝本駅に有料駐車場あり）

東向きに改めたと伝わる。

江戸時代中期になると、庶民が費用を出し合って、社寺へ参拝のために遠出をする「講」（→P.6）が大流行。武蔵御嶽神社も講が組織されて、関東一円に御嶽信仰[2]が広まっていく。その流れは今でも強く残り、参道には宿坊（→P.247）が多く残る。

注目KEYWORD

1 【延《えん》喜《ぎ》式《しき》神《じん》名《みょう》帳《ちょう》】
延長五（九二七）年編纂の『延喜式』。官社に指定された全国の神社が一覧になっている九・十巻。

2 【御《おん》嶽《たけ》信《しん》仰《こう》】
岐阜県と長野県にまたがる御嶽山を信仰する、鎌倉時代から続く山岳崇拝の一つ。

武蔵御嶽神社

MI DO KO RO

MAP

御岳山山中一帯に広がる境内は、ハイキング気分で散策するのがおすすめ。御岳山ケーブルカーの御岳山駅を降りたら、宿坊が点在する商店街を抜け、随身門へ。本殿へ参拝したら、ぜひ奥宮まで進みたい。

途中、階段や上り坂、舗装されていない道も通るので、履きなれた靴で参拝に訪れて。水分も忘れずに。

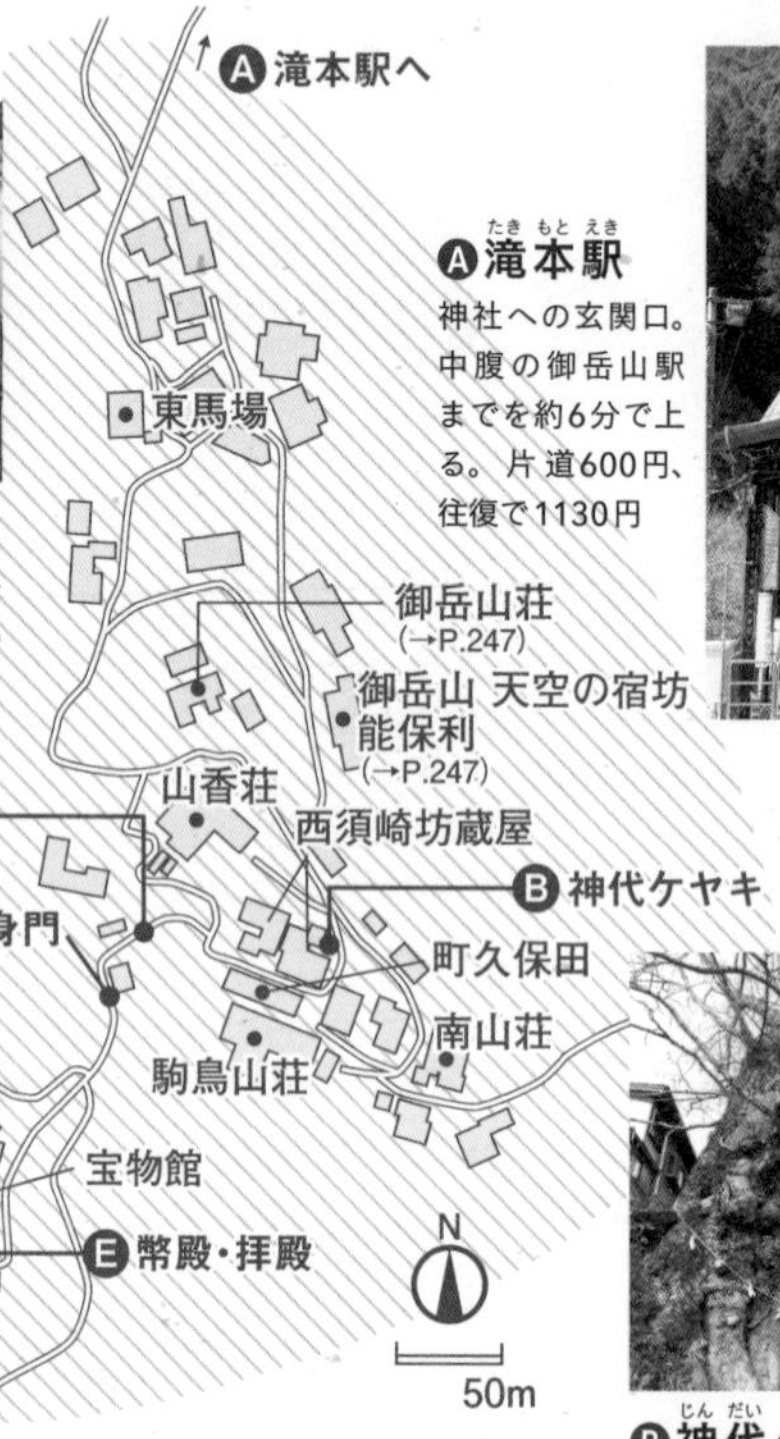

A 滝本駅《たきもとえき》

神社への玄関口。中腹の御岳山駅までを約6分で上る。片道600円、往復で1130円

C 参道商店街《さんどうしょうてんがい》

随身門の手前に小さな商店街があり、おみやげ店や飲食店が並ぶ。レトロな雰囲気が素敵

B 神代《じんだい》ケヤキ

日本武尊が東征の際には茂っていたそう。推定樹齢は1000年以上、樹高約30mの巨木

E 幣殿《へいでん》・拝殿《はいでん》

元禄13（1700）年、五代将軍・綱吉の命により改築された。鮮やかな朱色が空に映える

D 随身門《ずいしんもん》

急坂と石段を上った先に現れる華やかな門。明治時代の神仏分離令前は「仁王門」だった

秋から冬にかけては紅葉や落葉を楽しめる。四季折々の表情を楽しんで

標高929mの御岳山の山頂に数多の社がある神社。冬場の早朝は雲海が広がることも

おたのしみ

おみやげに最適!

クラフトビール

明治20(1887)年からビール醸造を始めた石川酒造の復刻地ビール・多摩の恵と、JAPAN BEER各418円。ケーブルカー売店で販売。

Ⓕ本殿《ほんでん》

明治11(1878)年造営の神明造りの社。5柱の神を祀る。門前から参拝を

参拝記念にもなる?

登《と》山《ざん》安《あん》全《ぜん》守《まもり》&大《おお》口《くち》真《ま》神《がみ》札《ふだ》

江戸時代の中期頃から頒布され始めたという、魔除け・盗難除けのお札は日本狼の柄が描かれており、印象的。御岳山にちなんだお守りもぜひ。

Ⓖ奥《おく》宮《みや》・遥《よう》拝《はい》所《じょ》

西南方向にある円錐形の山と、奥の院・男具那社(おぐなしゃ)を拝む場所

見逃せない!!!

Ⓘブロンズの狼像《ぞう》

本殿を守る!
日本狼

本殿横のブロンズ像は「おいぬ様」と呼ばれる日本狼。天明3(1785)年に奉納されたものだそう。

Ⓗ常《とき》磐《わ》堅《かき》磐《わ》社《しゃ》

旧本殿は
歴史的建築

東京都指定有形文化財(重美)に指定されている常磐堅磐社。黒く輝く姿は一見の価値アリ!

O MA MO RI

ユニークお守り

こんなことまでご利益が!? とビックリするほどの
ユニークなお守りにも注目してみよう!

世田谷八幡宮

→P.146

相撲パワーで運気UP!
子どもを見守る「すくすく守」

奉納相撲が行われていた神社の、お相撲さんにあやかったお守り。1000円

穏田神社

→P.135

美の守り神の「美守」で
心身を美人に

境内にある梅の木をモチーフにしたお守り。心も顔もすべて美しくなりたい! 500円

富岡八幡宮

→P.38

漁師さんだけじゃない!
「釣行安全 大漁祈願」

釣り好きの人必見! 釣り針が入ったお守りで、航海安全と大漁を願う! 各800円

田無神社

→P.178

より遠くに! より確実に!
「ゴルフ守」で一打必中

勝負に強い赤龍のご利益にあやかりたい! 木製のマーカー付き。700円

愛宕神社

→P.112

歴史上の人物も信仰した神「太郎坊守」で開運

聖徳太子なども信仰したという勝利と幸福を授ける神・太郎坊を祀ったお宮にちなんだお守り。700円

芝東照宮

→P.108

マラソンも人生も！「完走守」があればOK

東京マラソンの通過地点であることにちなんだ、ランナーが描かれたお守り。500円

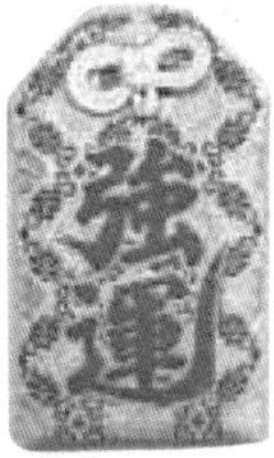

毎年デザインが変わる！運を引き寄せる「強運守」

芝大神宮

カラーやデザインが毎年変わる強運守（ごううんまもり）は、強運（きょううん）より強い運を引き寄せる。800円

→P.28

将棋の神様なら「王手勝守」で決まり！

鳩森八幡神社

勝利へと向かう思いや力を支えるお守り。描かれた将棋の局面にも意味がある!?
1000円

→P.136

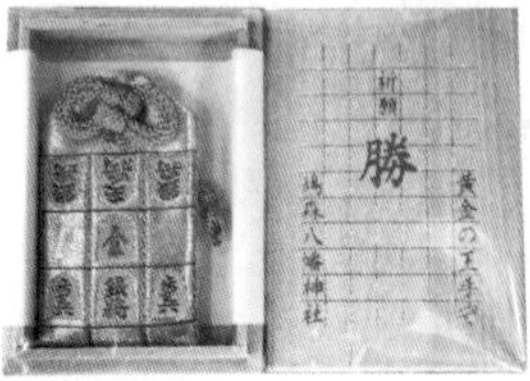

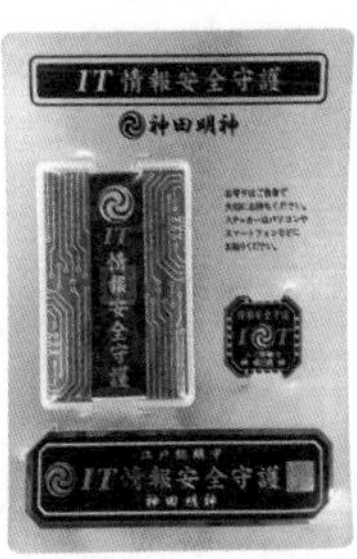

現代社会には必須!?「IT情報安全守護」で万全セキュリティ

神田神社（神田明神）

ウイルスやフリーズ、強制終了などのトラブル、個人情報漏洩防止に？ シールが3枚セットに。1000円

→P.20

近場で簡単！ 富士山パワー

江戸時代に流行した参拝旅行「講」の文化（→P.6）。
人気1位だった富士山へは、都内にいながらにして登れるのだ！

1

2

3

1 都内で現存する最古の富士塚。鳩森八幡神社　2 都内で最大規模！ 高さ15mの品川神社の富士塚　3 多摩川浅間神社の富士塚からは富士山も望める！

江戸時代から続く！ 誰でも気軽にできる富士山参拝

山岳信仰が昔から根付いている日本では、山には神がすむと信じられてきた。日本で一番高い「富士山」はその最たるもので、江戸時代には富士山への参拝旅行「富士講」が大流行する。しかし江戸時代の富士山は、女人禁制の山。女性や子どもなど実際に行けない人は、富士山を模して祀られた富士塚に詣でることで、富士山参拝をしていた。

現代でも都内には富士塚が残っている神社があり、多くの人が気軽に富士山詣でを楽しんでいる。富士山へ行く時間や体力がない人は、ぜひ「都内の富士山」へ出かけてみて。

多摩川浅間神社《たまがわせんげんじんじゃ》

大田区　TEL 03-3721-4050

大田区田園調布1-55-12／境内自由／東急各線多摩川駅から徒歩2分／無休／20台

鳩森八幡神社《はとのもりはちまんじんじゃ》

渋谷区

→P.136

品川神社《しながわじんじゃ》

品川区

→P.40

CHAPTER 4

ご朱印巡り

七福神で巡る

元祖山手七福神

ご朱印TRIP

港区と目黒区にある6つの寺を巡る元祖山手七福神巡りは、江戸時代から続く歴史あるものだ。福禄寿と寿老人は1つの寺にまとまっている。

大圓寺（→P.128）の七福神像

高さ6cmほどのおみくじ付きの「だるま」各500円を受けながら巡ると楽しさ倍増！ すべて歩きでゆっくり巡ると2時間弱かかるので、時間に余裕をもって巡礼するのがおすすめ。ご朱印帳も忘れずに！

め→ぐ→り POINT

白金高輪駅 ← 商売繁盛祈願 ― 不動前駅

白金高輪駅 → 無病息災・長寿祈願 → 不動前駅

白金高輪駅	方向	不動前駅
	← 商売繁盛祈願	
	→ 無病息災長寿祈願	

巡る方向によってご利益が異なる。目黒区側から出発すると商売繁盛、港区側から巡ると無病息災・長寿祈願になるそう。

一、蟠《ばん》龍《りゅう》寺《じ》

1

2

都会の一角の小さな寺の岩屋に潜む辯才天様

住宅街の楽園のような自然あふれる境内の奥、小さな岩窟内で岩屋辯天を拝観できる。歴史ある浄土宗の古刹には美にご利益があるという「おしろい地蔵」も安置。

1 本堂右手奥に岩窟があり、その上に辯天堂がある。例年1月1日～7日にご開帳される
2 ご朱印500円は本堂左手で

下目黒 TEL 03-3712-6559

目黒区下目黒3-4-4／9:00～17:00／境内自由／東急目黒線不動前駅から徒歩13分／無休／Pなし　一部不可

ROUTE

START
東急目黒線 不動前駅
← 13分 900m
一 蟠竜寺
← 4分 280m
二 瀧泉寺（目黒不動尊）
← 11分 800m
三 大圓寺
← 14分 900m
四 妙圓寺
← 7分 500m
五 瑞聖寺
← 10分 750m
六 覚林寺
← 6分 400m
東京メトロ南北線 白金高輪駅
GOAL!

二、瀧《りゅう》泉《せん》寺《じ》（目黒不動尊）

→P.74

1

2

1 恵比寿神のご朱印は500円。不動堂の寺務所で 2「えびす神」と書かれた赤い旗を目印に訪れて。えびす堂の前には恵比寿神が鎮座する

有名すぎるお不動様 えびす堂もマストで

江戸時代から続くこの七福神巡りは、江戸城から不動堂を目指す目的で設けられたという話もある。恵比寿堂は不動堂がある境内の、バス停を挟んだ反対側にあるので、見逃し注意。大黒天、弁財天も祀られている。

お不動様にもお参りを!

水かけ不動明王への参拝と、階段を上がった先の大本殿への参拝も忘れずに！（→P.74）

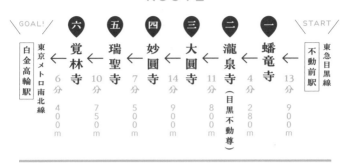

三、大《だい》圓《えん》寺《じ》

江戸城の裏鬼門にある江戸の三大大黒天を拝む

かつては修行道場として多くの僧侶が通った寺。江戸城の裏鬼門に位置しており、小石川の福聚院、谷中の護国院と並んで江戸三大大黒天に数えられている。

下目黒 TEL 03-3491-2793

目黒区下目黒1-8-5／8:00～18:00(10～5月は～17:00）／境内自由／ JR山手線目黒駅から徒歩3分／無休／3台

一部不可

1 山門を入った目の前に大黒天を安置 2 小槌の形をした大黒天のご朱印は500円

め → ぐ → り

歌川広重の『江戸名所百景』にも描かれた太鼓橋も。当時は珍しい石造だったが、現在はコンクリートの橋になっている。

POINT

四、妙《みょう》圓《えん》寺《じ》

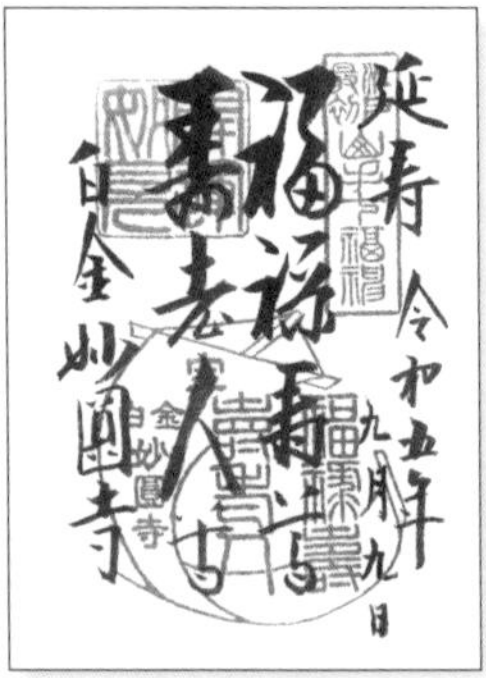

ビル街にひっそり喧騒を忘れられる寺

江戸時代末期に出版された『江戸名所図会』にも紹介されている古刹には、福禄寿と寿老人の2尊が祀られている。1月1～7日のみご開帳され、その姿を見ることができる。

妙見堂内は中央に妙見大菩薩像、左に福禄寿、右に寿老人を安置。ご朱印は1枚に2尊が書かれており、500円

白金台 TEL 03-3441-3593

港区白金台3-17-5／9:00～17:00／境内自由／無休／東京メトロ南北線白金台駅から徒歩5分／無休／Ｐなし

2

4

3

五、瑞《ずい》聖《しょう》寺《じ》

1

1 人々の感謝と慈悲の心が詰まった袋の形をしたご朱印500円 2 布袋尊像は本殿右手を覗き込むと見える 3 両サイドに鯱（しゃち）がのった本殿 4 隈研吾氏建築の庫裡も必見！

強面の布袋様 !? 大迫力でご利益最強説

台座も合わせると約1mもあると言う布袋尊は、本殿右手に安置されている。約300年前に作られたという像は少し強面。夫婦円満や豊かな暮らしのためにお参りを。

白金台 TEL 03-3443-5525

港区白金台3-2-19／10:00～16:00／境内自由／東京メトロ南北線白金台駅から徒歩1分／無休／Pなし

六、覚《かく》林《りん》寺《じ》

加藤清正&毘沙門天で 最強の必勝祈願をしたい!

戦国武将の加藤清正が祀られ「勝負に勝つ」という勝守りを授与。毘沙門天も勝運や開運などにご利益があるとされているので、参拝すれば最強間違いなし。

ガラス戸には加藤家の家紋があしらわれているファン必訪の寺だ。ご朱印500円は本殿右手の寺務所でいただいて

白金台 TEL 03-3441-9379

港区白金台1-1-47／10:00～17:00／境内自由／東京メトロ南北線白金高輪駅から徒歩6分／無休／Pなし

七福神で巡る 日本橋七福神

ご朱印TRIP

室町時代から始まったと言われる七福神信仰。日本橋七福神巡りは、すべて神社で構成されていて、巡拝距離が短く、短時間で参拝できる。

江戸の下町文化が色濃く残る日本橋通りや人形町通りなどの繁華街を中心に巡る日本橋七福神巡り。ご朱印と一緒に揃いの色紙2500円や、宝船（ご神像7体含む）5000円をいただくのもおすすめの巡り方。

め → ぐ → り POINT

色紙と宝船はその年の分がなくなり次第終了。すべてが揃った状態で、それぞれの神社で受けられる。ご朱印帳は忘れずに必ず持参を！

一、椙《すぎの》森《もり》神《じん》社《じゃ》

『江戸名所図会』にものる歴史ある社の恵比寿神

創建は千年以上前。江戸時代には江戸三森の一つに数えられ、庶民だけではなく諸大名からも信仰を集めた。江戸時代に富くじが行われていたことから富塚が残る。

五社稲荷の一社・大己貴大神のお告げにより恵比寿大神が祀られたと伝わる。恵比寿神のご朱印は500円。社殿に向かって右の授与所で受けられる

堀留町 TEL 03-3661-5462

中央区日本橋堀留町1-10-2／境内自由／東京メトロ日比谷線小伝馬町駅から徒歩5分／無休／Pなし

一部不可

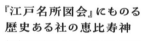

ROUTE

START

東京メトロ日比谷線 小伝馬町駅
← 5分 350m
一 椙森神社
← 11分 750m
二 笠間稲荷神社 東京別社
← 3分 240m
三 末廣神社
← 4分 290m
四 松島神社
← 3分 230m
五 水天宮
← 3分 220m
六 茶ノ木神社
← 5分 400m
七 小網神社
← 6分 450m
東京メトロ半蔵門線 水天宮前駅

GOAL!

二、

笠《かさ》間《ま》稲《いな》荷《り》神《じん》社《じゃ》 東《とう》京《きょう》別《べっ》社《しゃ》

日本橋魚河岸の守り神! 日本三大稲荷の分霊へ

茨城県・笠間稲荷神社の別社で、江戸時代に笠間藩主牧野家により分霊された。日本橋魚河岸の守り神として商人や庶民を中心に篤く信仰された。

寿老神は人々の運命を開拓し幸福へ導いてくれる。寿老神のご朱印は500円

浜町 TEL 03-3666-7498

中央区日本橋浜町2-11-6／境内自由／東京メトロ日比谷線人形町駅から徒歩5分／無休／Pなし

三、

末《すえ》廣《ひろ》神《じん》社《じゃ》

病気平癒・厄除け・財運向上 ご利益いっぱいの毘沙門天

古くからこの地の氏神として鎮座。毘沙門天は勝運向上で有名だが、この社は疫病鎮めの信仰もあり、厄除け、財運向上、福徳繁栄などのご利益も。

延宝3（1675）年の社殿修復の際に末廣扇が見つかったことが社名の由来。毘沙門天のご朱印500円

人形町 TEL 03-3667-4250

中央区日本橋人形町2-25-20／境内自由／東京メトロ日比谷線人形町駅から徒歩3分／無休／Pなし

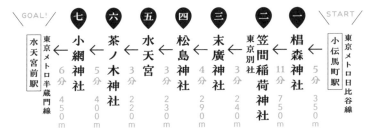

四、松《まつ》島《しま》神《じん》社《じゃ》

ビルの一角にある小さな社に歴史を感じる神社

昔は海だったこの地に存在した、小さな島に建っていたという神社。夜毎に掲げる燈火を目印に船乗りたちが航海したと伝わる。14柱もの神を祀る。

現在はビルの1階部分にお社がある。ご祭神である国を作ったと伝わる大国神のご朱印は500円

人形町 TEL 03-3669-0479

中央区日本橋人形町2-15-2／境内自由／東京メトロ半蔵門線水天宮前駅から徒歩2分／無休／Pなし

一部不可

五、水《すい》天《てん》宮《ぐう》

2

1

3

江戸の心を伝える都会の神社で宝生弁財天に芸事&金運祈願

芸能や芸事、学業、金運向上のパワースポット。久留米藩九代藩主が宝生流能楽の技を競った際、願をかけて勝利したことから宝生弁財天と呼ばれる。

1 彫刻も美しい本殿。安産、身体健全にもご利益が 2 宝生弁財天。普段は扉が閉まっている 3 宝生弁財天の金色ご朱印500円

蠣殻町 TEL 03-3666-7195

中央区日本橋蠣殻町2-4-1／境内自由／東京メトロ半蔵門線水天宮前駅から徒歩2分／無休／Pなし

め → ぐ → り POINT

周辺には下町名物の人形焼の店が点在。巡礼途中の小腹満たしに、ぜひ立ち寄って。おみやげ用のほか、焼きたてが食べられる店もある。

六、茶《ちゃ》ノ《の》木《き》神《じん》社《じゃ》

今も地元の人に愛される！ かつての大老堀田家の守護神

江戸時代には下総佐倉の城主・大老堀田家の上屋敷があり、その守護神として祀られた神社。小さなお社は、現在でも地元の人に親しまれている。

かつて芝と茶の木で囲まれていたことが社名の由来。ご朱印は末廣神社(→P.131)で。置き紙のみ

人形町 TEL なし

中央区日本橋人形町1-12-10／境内自由／東京メトロ半蔵門線水天宮前駅から徒歩1分／無休／Pなし

七、小《こ》網《あみ》神《じん》社《じゃ》

2 1

3

1 境内左に福禄寿のお姿が 2 参拝は順番を守って！ 3 拝殿の彫刻美にも注目。写真は昇り龍 4 福禄寿のご朱印は500円

4

悪疫鎮静の神として鎮座！ 健康長寿の神・福禄寿

平日も参拝の列が絶えない人気の神社。文正元(1466)年に悪疫鎮静の神として鎮座。国内外からの崇敬が篤く、強運厄除の神として今も信仰を集める。

小網町 TEL 03-3668-1080

中央区日本橋小網町16-23／境内自由／東京メトロ半蔵門線水天宮前駅から徒歩6分／無休／Pなし

一部不可

エリアで巡る
渋谷区
ご朱印TRIP

流行の発信地、渋谷と原宿があるエリアには、意外と知られていない社寺がひっそりある。渋谷区の新たな魅力を発見しに出かけてみては？

ROUTE

JR渋谷駅
← 14分 950m
一 渋谷氷川神社
← 19分 1.3km
二 宮益御嶽神社
← 9分 700m
三 穏田神社
← 15分 1km
四 東郷神社
← 14分 1km
五 鳩森八幡神社
← 21分 1.5km
六 平田神社
← 10分 700m
七 明治神宮
← 19分 1.4km
八 代々木八幡宮

一、渋《しぶ》谷《や》 氷《ひ》川《かわ》神《じん》社《じゃ》

渋谷駅と恵比寿駅の中間にある神社。毎月15日の「いいご縁の日」には「縁結び祈願祭」があり、縁結びご朱印500円が受けられる

縁結びで有名！渋谷エリア最古の神社

日本武尊の東征の際に創始されたとされる、渋谷エリア最古の神社。境内には江戸郊外三大相撲の一つ、金王相撲の相撲場跡が今も残されている。月替わりのご朱印も人気。

東 TEL 03-3407-7534
渋谷区東2-5-6／境内自由／JR各線渋谷駅から徒歩15分／無休／Pなし
一部不可

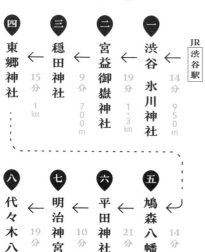

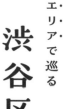

郵便はがき

104-8011

おそれいりますが
切手をお貼り
下さい

東京都中央区築地
5−3−2

株式会社
朝日新聞出版
生活・文化編集部 行

ご住所 〒 電話 （ ）		
ふりがな お名前		
Eメールアドレス		
ご職業	年齢 歳	性別

このたびは本書をご購読いただきありがとうございます。
今後の企画の参考にさせていただきますので、ご記入のうえ、ご返送下さい。
お送りいただいた方の中から抽選で毎月10名様に図書カードを差し上げます。
当選の発表は、発送をもってかえさせていただきます。

愛読者カード

本のタイトル

お買い求めになった動機は何ですか？（複数回答可）

1．タイトルにひかれて　2．デザインが気に入ったから
3．内容が良さそうだから　4．人にすすめられて
5．新聞・雑誌の広告で（掲載紙誌名　　　　　）
6．その他（　　　　　）

表紙　1．良い　2．ふつう　3．良くない
定価　1．安い　2．ふつう　3．高い

最近関心を持っていること、お読みになりたい本は？

本書に対するご意見・ご感想をお聞かせください

ご感想を広告等、書籍のPRに使わせていただいてもよろしいですか？

1．実名で可　2．匿名で可　3．不可

ご協力ありがとうございました。
尚、ご提供いただきました情報は、個人情報を含まない統計的な資料の作成等に使用します。その他の利用について詳しくは、当社ホームページ
https://publications.asahi.com/company/privacy/をご覧下さい。

二、宮《みや》益《ます》御《み》嶽《たけ》神《じん》社《じゃ》

区内では唯一、狛狼が境内を守っていることに由来して、日本狼が描かれたご朱印300円。本殿左の社務所で受けられる

渋谷

TEL 03-3407-7722

渋谷区渋谷1-12-16／7:00～19:00（社務所は9:30～16:30）／境内自由／JR各線渋谷駅から徒歩2分／無休／Pなし

日本狼の狛犬が見守る 町名の由来になった社

宮益坂の急な階段を上った先にあり、この坂の名前の由来にもなった神社。社殿の前に鎮座する像は日本狼。例年9月に行われる例大祭や、11月の酉の市には多くの人が集う。

め → ぐ → り POINT

渋谷氷川神社から宮益御嶽神社までは、アップダウンのある道を約20分。宮益御嶽神社から穏田神社までは、ほぼ平坦な道を10分程度歩く。

三、穏《おん》田《でん》神《じん》社《じゃ》

恋する男女必訪神社 美と縁結びにご利益大！

渋谷と原宿の中間に位置。整った容姿を意味する、男女の神を祀っている。美容や夫婦円満などのご利益のほか、芸事の上達や映画のヒット祈願などに訪れる著名人も多い。

原宿のキャットストリートを抜けた場所にある。見開きのご朱印は月ごとに左側の柄が変わる（→P.208）のが楽しい

神宮前

TEL 03-3407-7036

渋谷区神宮前5-26-6／境内自由（社務所は10:00～16:00）／東京メトロ各線明治神宮前駅から徒歩5分／無休（社務所は水・木曜）／Pなし

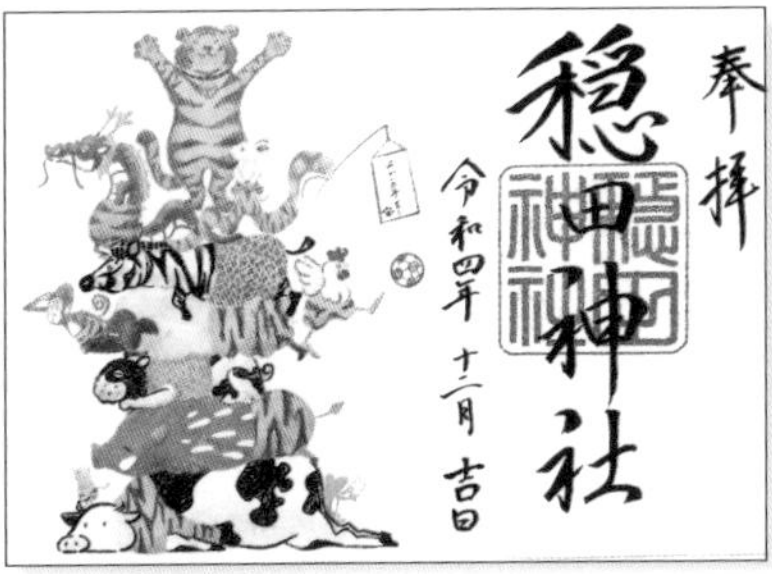

四、東《とう》郷《ごう》神《じん》社《じゃ》

勝利の神が鎮座
都会ド真ん中のオアシス

海軍軍人・東郷平八郎の名を後世に伝えるため、国民からの要望と浄財によって創建。ご祭神である東郷平八郎命は日露戦争を勝利に導いたことから、必勝祈願のほか学業成就を願う参拝者が集まる。

神宮前 TEL 03-3403-3591

渋谷区神宮前1-5-3／6:00～17:00（11～3月は6:30～17:00、元日は0:00～18:00、1月2～3日 は6:30～18:00）／境内自由／JR山手線原宿駅から徒歩3分／無休／Pあり

一部不可

境内には立派な本殿のほか、風光明媚な池などもある。流れるような文字のご朱印は500円

五、鳩《はとの》森《もり》八《はち》幡《まん》神《じん》社《じゃ》

鳩の印が押されたかわいらしいご朱印は500円

鳩に縁深い！ 一帯の総鎮守

鳩にまつわる霊瑞に由来する神社のため、おみくじや絵馬などに鳩のモチーフが多い。都の有形民俗文化財の千駄ケ谷の冨士塚（→P.124）も。

千駄ケ谷 TEL 03-3401-1284

渋谷区千駄ケ谷1-1-24／境内自由（社務所は9:00～17:00）／境内自由／JR総武線千駄ヶ谷駅から徒歩5分／無休／4台

一部不可

六、平《ひら》田《た》神《じん》社《じゃ》

スッキリとした印象の社名が書かれたご朱印は500円

学問の神が文化を司る

江戸時代の国学者・平田篤胤を祀っていることから、学問の神として合格祈願などに訪れる人が多い。篤胤の書を模写したご朱印もある。

代々木 TEL 03-3370-7460

渋谷区代々木3-8-10／9:00～15:00（土・日曜、祝日は～16:00）／境内自由／JR各線代々木駅から徒歩8分／無休／Pなし

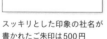

七、明治《めい》治《じ》神《じん》宮《ぐう》

→P.48

境内は四季折々の表情を変えるので各季節に訪れたい

敷地面積は都内随一！東京を代表する神社

明治天皇と昭憲皇太后を祀り、初詣の参拝者数は日本一を誇る。広大な森に囲まれた境内は散策を楽しむ人も多い。年間を通じて多くの行事や祭典が行われている。

ご朱印500円は本殿東側の授与所で。正月などの繁忙期は別場所になることも

め → ぐ → り

POINT

東郷神社や代々木八幡宮の周辺はカフェやレストラン、雑貨店などのショップが多いエリア。休憩やショッピングを楽しみながら巡って。

八、代《よ》々《よ》木《ぎ》八《はち》幡《まん》宮《ぐう》

歴史を感じる境内で出世&商売繁盛を祈願

鎌倉時代に創始された源氏にゆかりのある神社。境内の出世稲荷社は仕事運のご利益で有名だ。境内全域が縄文遺跡に指定されており、縄文時代の住居「竪穴住居」の復元などを見ることができる。

代々木 TEL 03-3466-2012

渋谷区代々木5-1-1／境内自由／小田急線代々木八幡駅から徒歩5分／無休／約10台

一部不可

「八幡宮」の印が押されたご朱印は500円。参拝後に社務所で受けよう

山手通り沿いの緑豊かな境内は厄除け開運のパワースポットとしても有名

エ・リ・ア・で巡る

墨田区

ご朱印TRIP

高くそびえる東京スカイツリー®や浅草などがあり、観光に人気のエリア。ご朱印集めと一緒に、下町観光も楽しみながら、のんびり巡って！

ROUTE

START

地下鉄 押上駅
← 8分 500m
一 法性寺
← 26分 1.8km
二 三輪里稲荷神社
← 21分 1.5km
三 飛木稲荷神社
← 13分 900m
四 高木神社
← 22分 1.5km
五 本龍院（待乳山聖天）
← 9分 600m
六 牛嶋神社
← 38分 2.7km
七 回向院
← 3分 210m
JR 両国駅

GOAL!

一、法《ほっ》性《しょう》寺《じ》

本殿の横にある客殿には、北斎のほか著名な画家による名画も展示されている。ご朱印300円は参拝後に客殿内にて受けられる

北斎ゆかりの場所 開運の寺の異名も

500年以上の歴史をもつ日蓮宗の寺。かの有名な浮世絵師・葛飾北斎がこの寺で21日間お参りした後、落雷にあいそこから売れ出したという逸話から、開運の寺とも。

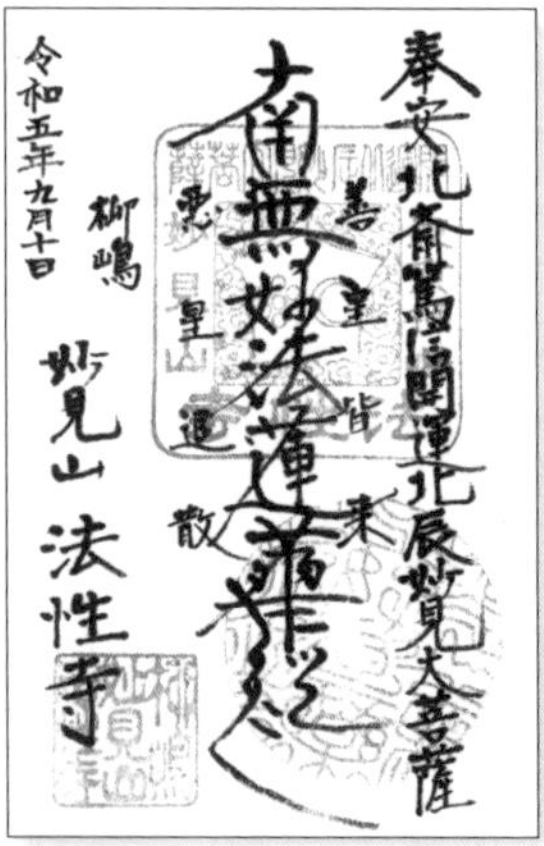

業平 TEL 03-3625-3838

墨田区業平5-7-7／境内自由／東京メトロ半蔵門線押上（スカイツリー前）駅から徒歩8分／無休／11台

一部不可

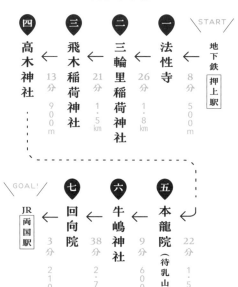

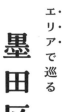

二、三《み》輪《わ》里《さと》稲《いな》荷《り》神《じん》社《じゃ》

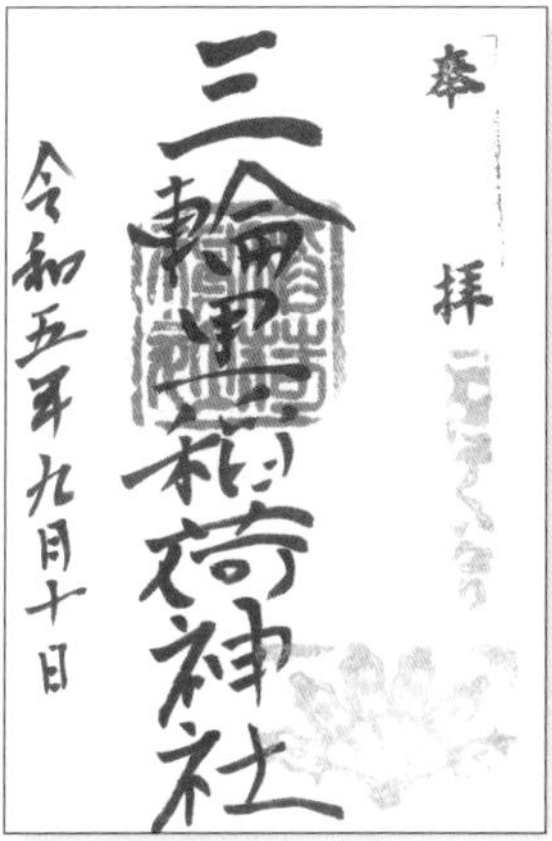

喉や風邪にご利益アリ こんにゃく御符

倉稲魂命《うかのみたまのみこと》を祭神とし、通称「こんにゃく稲荷」と呼ばれる。2月の初午の日に拝受でき、本物のこんにゃくで作られた「こんにゃく御符」は、喉などに効くという。

こんにゃく御符は江戸時代初期の慶長年間（1596～1615年）から続いている神事。こんにゃく御符が描かれたご朱印300円

八広 TEL 03-3612-2297

墨田区八広3-6-13／9:00～17:00／境内自由／京成線京成曳舟駅から徒歩10分／無休／2台

一部不可

めぐり POINT

地元の人に愛される小規模な社寺が多く、どこも個性的。散策途中でフラリと立ち寄って、その魅力を発見するのもおすすめの巡り方。

三、飛《とび》木《き》稲《いな》荷《り》神《じん》社《じゃ》

町を見守るかのような大銀杏の姿は圧巻。毎年の例大祭は神輿も出て多くの人でにぎわう。お稲荷様が描かれたご朱印500円

墨田区で最も大きく古いご神木を祀る

墨田区一の大木とされるご神木の大銀杏（→P.232）は、東京大空襲から町を守ったことから「身代わり飛木の焼け銀杏」と言われる。戦後復活し、生命力を今に伝える。

押上

TEL 03-3611-0862

墨田区押上2-39-6／境内自由／東京メトロ半蔵門線押上（スカイツリー前）駅から徒歩7分／無休／Pなし

一部不可

四、高《たか》木《ぎ》神《じん》社《じゃ》

月ごとに変わる！
限定御朱印は要チェック

創建は応仁２（1468）年と古く、薄い紫色をした拝殿が特徴的な神社だ。縁結びの神社として知られており、おむすびの形をしたお守り（→P.93）なども受けられる。祭事に合わせたご朱印もある。

押上　TEL 03-3611-3459

墨田区押上2-37-9／9:00～16:00／境内自由／東武スカイツリーライン曳舟駅から徒歩5分／Pなし

一部不可

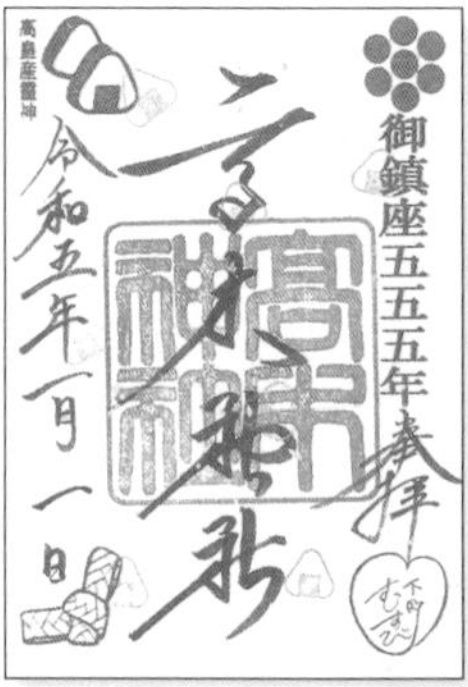

延命・願望成就のある大楠が迎えてくれる。ご朱印300円には、おむすびの印が押してある

五、本《ほん》龍《りゅう》院《いん》（待乳山聖天）

幸運を招く♪
風呂吹き大根と巾着

境内では健康、良縁などを象徴する大根や、商売繁盛を意味する巾着のシンボルが各所に見られる。「聖天様」として地元の人に愛されており、霊験あらたかなこの地で多くの人々を救ってきたという。

ご朱印各500円は本尊の大聖歓喜天と毘沙門天の2種。本堂まではスロープでも上がれる

浅草　TEL 03-3874-2030

台東区浅草7-4-1／6:00～16:30／境内自由／東京メトロ銀座線浅草駅から徒歩10分／無休／Pなし

一部不可

六、牛《うし》嶋《じま》神《じん》社《じゃ》

二体の狛犬ならぬ「狛牛」も必見。東京スカイツリー®が描かれたお守り800円なども受けられる。撫牛の印が押されたご朱印は500円

撫牛と狛牛で人気 三輪鳥居にも注目

境内にある撫牛は、自分の悪いところと牛の同じ部分をなでると、病が治ると信じられている。狛牛や全国でも珍しい三輪鳥居(→P.190)も見られるのが特徴。

向島　TEL 03-3622-0973

墨田区向島1-4-5／境内自由／都営浅草線本所吾妻橋駅から徒歩3分／無休／Pなし

一部不可

め→ぐ→り　POINT

牛嶋神社～回向院は東京スカイツリーがいろいろな場所から眺められるスポット。春は隅田公園に桜が咲き誇る。カフェやレストランも多いエリア。

七、回《え》向《こう》院《いん》

→P.82

慈悲深い理念で すべての生物を供養

両国駅すぐの場所にある回向院は、振袖火事とも言われる明暦の大火の際にすべての人や動物を供養するためにお堂が建てられたのが始まり。ペット供養も行うほか、鼠小僧の墓もある。

江戸時代に境内では勧進相撲が行われていた。流れるようにご本尊が書かれたご朱印は500円

路線で巡る

都電荒川線（東京さくらトラム）

ご朱印TRIP

都内で唯一残る路面電車・都電荒川線。沿線の神社のご朱印は、トラムのスタンプが押されたかわいいデザイン。都電に揺られながら巡って。

ROUTE

START 一 尾久八幡神社（宮ノ前）
← 二 七社神社（飛鳥山）
← 三 大塚天祖神社（大塚駅前）
← 四 大鳥神社（鬼子母神前）GOAL!

めぐりPOINT

桜の名所である飛鳥山公園やレトロな雰囲気が残る商店街などの近くを走る都電荒川線。1日乗車券400円を購入して巡るとお得だ。

一、尾《お》久《ぐ》八《はち》幡《まん》神《じん》社《じゃ》

隅田川にほど近い！ 尾久の総鎮守

南北朝時代以前に建立したとされ、農工商の神として応神天皇と末社の神々を祀る。かつては近くの川の水を引く八幡堀に取り囲まれていた。毎年8月には例大祭を行う。

宮ノ前駅を降りた目の前にあるのでアクセス抜群！ 季節の花があしらわれたご朱印500円〜は、すべて書き置き対応

宮ノ前駅 TEL 03-3893-1535

荒川区西尾久3-7-3／境内自由／都電荒川線宮ノ前駅からすぐ／無休／7台

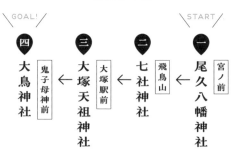

二、七《なな》社《しゃ》神《じん》社《じゃ》

渋沢栄一との縁が深い一粒万倍の杜

西ケ原・栄町の総鎮守として7柱の神を祀る。近くには社の氏子であった渋沢栄一の本邸があり、本人との縁も深い。6月の始めから七夕まで茅の輪くぐりを行っている。

飛鳥山駅 TEL 03-3910-1641

北区西ケ原2-11-1／境内自由／都電荒川線飛鳥山駅から徒歩5分／無休／3台

一部不可

春になると御衣黄（ぎょいこう）という珍しい品種の八重桜が咲く。ご朱印500円には都電と渋沢栄一の印が

三、大《おお》塚《つか》天《てん》祖《そ》神《じん》社《じゃ》

ご朱印500円の中央にはご神木の夫婦銀杏が描かれている

庶民信仰も篤い旧巣鴨村を守り続ける社

鎌倉末期、伊勢の皇大神宮の分霊を旧巣鴨村に勧請したことが始まり。境内には子犬に授乳する子育て狛犬も見られ、穏やかな雰囲気が漂う。

大塚駅前駅 TEL 03-3983-2322

豊島区南大塚3-49-1／境内自由／都電荒川線大塚駅前駅から徒歩3分／無休／Pなし

一部不可

四、大《おお》鳥《とり》神《じん》社《じゃ》

ご朱印500円～。正月や酉の市などの際は限定ご朱印も

恵比寿様もいる！雑司ヶ谷の「おとりさま」

江戸時代に出雲大社の摂社・伊奈西《いなせ》波岐神社《はぎじんじゃ》から疫病除けの鷺大明神を勧請したことが始まりとされる。例年11月には酉の市を実施。

鬼子母神前駅 TEL 03-3971-6034

豊島区雑司が谷3-20-14／境内自由／都電荒川線鬼子母神前駅から徒歩2分／無休／Pなし

一部不可

路・線・で巡る
世田谷線

ご朱印TRIP

東急世田谷線は、三軒茶屋駅から下高井戸駅までの閑静な住宅地を走るローカル線。昔ながらの商店街、最新のカフェや雑貨店などが点在する。

一、教《きょう》学《がく》院《いん》（目青不動尊）

大木に見守られた五色不動の一つ

境内は樹齢100年以上の巨木に覆われた静かな雰囲気。五行思想に基づいた五色不動の一つで、目青不動が祀られている。ご朱印は300円。

三軒茶屋駅 TEL 03-3419-0108

世田谷区太子堂4-15-1／8:00～17:00／境内自由／東急世田谷線三軒茶屋駅から徒歩1分／無休／Pなし

一部不可

二、太《たい》子《し》堂《どう》 八《はち》幡《まん》神《じん》社《じゃ》

三茶のパワスポで素敵な限定ご朱印

八幡大神を祀る神社。源頼義・義家の親子が戦勝祈願に立ち寄ったと言われ、あらゆる願いにこたえるご神徳を備えた神として仰がれる。ユニークなご朱印500円が人気。

西太子堂駅 TEL 03-3411-0753

世田谷区太子堂5-23-5／5:30～19:00／境内自由／東急世田谷線西太子堂駅から徒歩5分／無休／2台

一部不可

ROUTE

START
三軒茶屋 → 一 教学院（目青不動尊） ← 西太子堂 ← 二 太子堂 八幡神社 ← 若林 ← 三 駒留八幡神社 ← 松陰神社前 ← 四 松陰神社

め → ぐ → り POINT

世田谷線は駅によっては車内清算（交通系ICカード可）なので要注意。購入日のみ有効のフリーパス「世田谷線散策きっぷ」380円を利用すると便利。

悲しい側室の伝説が残る領主が信仰した八幡大神

三、駒《こま》留《どめ》八《はち》幡《まん》神《じん》社《じゃ》

建立は鎌倉時代とされる。地名を取って「上馬の駒留八幡神社」として、せたがや百景に選定されている。境内の常盤弁財天には、不貞の疑いをかけられ自害した、世田谷城主側室の悲しい伝説が伝わる。

八幡大神を勧請する土地を探す際に当時の領主の馬がとまった場所に社が建てられたと伝わる。ご朱印は300円

若林駅 TEL 03-3410-5933

世田谷区上馬5-35-3／境内自由／東急世田谷線若林駅から徒歩10分／無休(社務所は不定休)／Pなし

一部不可

安政の大獄で死罪となった吉田松陰の墓所が境内にある。シンプルなご朱印は500円

四、松《しょう》陰《いん》神《じん》社《じゃ》

江戸後期の思想家がご祭神学問にゆかりのある神社

明治維新に通ずる思想を広めた吉田松陰を祀る社。境内には松陰の墓のほか、松陰が主宰した私塾・松下村塾を模した建物もある。

松陰神社前駅 TEL 03-3421-4834

世田谷区若林4-35-1／7:00~17:00／境内自由／東急世田谷線松陰神社前駅から徒歩3分／無休／20台

一部不可

世田谷 ← 五 円光院 ← 上町 ← 六 世田谷八幡宮 ← 宮の坂 ← 七 豪徳寺 ← 山下 ← 松原 ← 八 赤堤六所神社 ← 下高井戸 ← 九 菅原神社

GOAL!

五、円《えん》光《こう》院《いん》

地元の教育の場だった城主の思いで創建

室町時代末期、盛尊和尚により世田谷城主・吉良の祈願所として創建。白を基調とする近代的で美しい本堂がそびえ、その側には真言宗の開祖・弘法大師の像がある。

玉川八十八ケ所霊場や世田谷三十三ヶ所観音霊場の札所。ご朱印300円

世田谷駅 TEL 03-3420-0706

世田谷区世田谷4-7-12／境内自由／東急世田谷線世田谷駅から徒歩1分／無休／Pなし

一部不可

六、世《せ》田《た》谷《がや》八《はち》幡《まん》宮《ぐう》

江戸三相撲の名所で勝運の神にお参りを！

源 義家が戦に勝利した帰路、世田谷で豪雨にあい数十日間足止めに。その際に八幡様のご加護を感じ奉祝相撲を行ったことが始まりと伝わる。現在でも境内の土俵で奉納相撲を実施している。

境内には立派な土俵があり、江戸時代には三大相撲の地として名を馳せた。ご朱印には力士の印も押されている

め → ぐ → り POINT

近くには世田谷城の跡地・世田谷城阯公園があり、緑あふれる散策路になっている。公園まで足を運んで、世田谷の歴史に思いを馳せるのもいい。

宮の坂駅

TEL 03-3429-1732

世田谷区宮坂1-23-20／境内自由／東急世田谷線宮の坂駅から徒歩2分／無休／15台

一部不可

七、豪《ごう》徳《とく》寺《じ》

広い境内は見どころが点在。桜を満喫できるスポットでもあるので、季節を合わせて訪れたい。ご本尊が書かれたご朱印は300円

井伊家の菩提寺には招き猫がたくさん並ぶ！

彦根藩主・井伊家の菩提寺。井伊直弼や歴代の藩主の墓所があり、国史跡にも指定。たくさんの招き猫が祀られている招福殿には開運招福を願う参拝者が絶えない。

宮の坂駅　TEL 03-3426-1437

世田谷区豪徳寺2-24-7／6:00～18:00（9月下旬～3月中旬は～17:00）／境内自由／東急世田谷線宮の坂駅から徒歩5分／無休／約10台

一部不可

八、赤《あか》堤《つつみ》六《ろく》所《しょ》神《じん》社《じゃ》

ご朱印300円。木々が茂る境内は癒される

府中から奉遷した大國魂命

平貞盛の子孫・服部貞殷が、現在の大國魂神社（→P.52）の分霊を祀ったのが始まりとされる。赤い拝殿と迫力ある狛犬が参拝者を迎える。

松原駅　TEL 03-3321-5396

世田谷区赤堤2-25-2／境内自由／東急世田谷線松原駅から徒歩3分／無休／Pなし

一部不可

九、菅《すが》原《わら》神《じん》社《じゃ》

受験シーズンににぎわう。ご朱印は300円

せたがやの天神様

寺子屋を開いていた地で学問の神として知られる菅原道真を祀った天神信仰の神社。境内には上牛像や梅の木のほか、弁天池などがある。

下高井戸駅　TEL 03-3321-6665

世田谷区松原3-20-16／境内自由／東急世田谷線下高井戸駅から徒歩7分／無休／約6台

一部不可

GO SHU IN

アートなご朱印

参拝のたびにいただきたいご朱印。
最近では、芸術的すぎる
アートなご朱印もあちこちでいただける。

エアブラシ

インクをシュッと霧状に噴霧する
「エアブラシ」を使ったご朱印は唯一無二。

ご朱印帳4面分を使用して描き出す龍の迫力は
絶大！ 黒とゴールドが豪華さを強調。2000円～

一龍院 →P.207

色彩豊かに描かれるご朱印は、掛け軸としていただく
人も。期間限定柄が出ることもある。2000円～

一龍院 →P.207

切り絵

繊細なまでにご祭神やご本尊を描き出す切り絵ご朱印。
ご朱印帳の見開きサイズのことが多い。

田無神社 →P.178

色鮮やかな5色の龍が切り出されたデザイン。右記同様、小出蒐さんデザイン。1500円

田無神社 →P.178

西東京市在住の切り絵作家・小出蒐(こいで・しゅう)さんによる繊細なデザイン。1500円

源覚寺 →P.240

開山400年を記念して作られた閻魔を切り出したご朱印。千手観音のものもある。800円

五百羅漢寺 →P.164

羅怙羅尊(らごらそん)のご朱印は令和5(2023)年限定。毎年リデザインされる。1000円

立体

仏様が飛び出してくる！
超最新の3Dご朱印。

仙行寺 →P.182

立体ながらご朱印帳にしっかりと納まるサイズ感がいい。雲の上に浮かぶ大仏を表現。3000円

刺しゅう

一針一針、丁寧に縫われたご朱印はありがたみUP！

靖國神社 →P.56

岐阜県美濃市で作られる美濃和紙に刺しゅう。季節によって絵柄が変わるので柄違いを。1000円

ビル屋上のお社へ

江戸、明治、大正、昭和と時代を重ね、発展し続ける東京。
区画整理が進むなか、規模を小さくした神社があちこちに…。

大都会に ひっそり残る 歴史を感じるお社

昭和の高度経済成長、平成に入ってからの高層ビルや商業施設の開業、さらに区画整理などにより、古くから各地を守り続けた神社が姿を変えつつある。ビルの中に社がある神社や、高層ビルの間にちょこんと鎮座する神社など…。姿は小さくなっても、その威光は健在！ 見つけると少しホッとできる存在だ。

銀座のド真ん中、平成二九（二〇一七）年に開業したGINZA SIXガーデン（屋上庭園）にもお社が。かつて名古屋から東京へ進出し、成功した呉服屋・松坂屋の創業者が、現在の伏見稲荷神社から勧請して根岸の里（現・東日暮里）に奉安したという神社だ。お参りのついでにショッピングや食事をするのもいい。

GINZA SIXには最旬ブランドやハイブランドショップのほか、能楽堂もある

靏《かく》護《ご》稲荷《いなり》神社《じんじゃ》

中央区 **TEL 03-6891-3390（代表）**

中央区銀座6-10-1／7:00～23:00／境内自由／東京メトロ各線銀座駅から徒歩2分／無休（施設に準ずる）／455台（有料）

◆創建：文化12（1815年）年、松坂屋創業者の伊藤家により創建 ◆祭神：靏護稲荷大明神 ◆拝観所要時間：10分 ◆GINZA SIXのオープンに伴い、平成29（2017）年に屋上庭園に遷座

CHAPTER 5

見どころ

BUDDHA STATUE
仏

金《こん》剛《ごう》寺《じ》（高幡不動）

守ったお不動様の温かみ

誰でも平等に救う「汗かき不動」

関東三大不動の一つ、真言宗智山派別格本山の寺院。新選組の副長・土方歳三の位牌が納められていることでも有名。平安初期、慈覚大師円仁が高幡山を霊場とし、山中に「不動堂」を建立、不動明王を安置したのが始まりと伝わる。

境内には貴重な文化財・寺宝が二万点ほど保存されているが、なかでも注目したいのが国の重要文化財の不動三尊。寄木造りで制作されており、高さは約3メートル、重さは1100キログラムほど

ココがすごい ☑重文の不動明王 ☑土方歳三

戦国武将も庶民も

もある。頭部と体部が檜、膝部が榧《かや》で作られている。両脇には童子像が控え、こちらはかわいらしい印象。

足利時代には「汗かき不動」とも呼ばれ、鎌倉公方をはじめとする戦国武将の尊崇を集めたと言う。江戸時代には火防の不動尊として広く庶民に信仰された。

◆創建：大宝年間（701～704年）以前、平安時代初期に慈覚大師円仁が清和天皇の勅願によって、東関鎮護の霊場として山中に不動堂を建立 ◆本尊：不動明王 ◆拝観所要時間：1.5時間 ◆本尊の不動明王と不動堂、仁王門などが国の重要文化財に指定。多くの寺宝を見られる

日野市 TEL 042-591-0032

日野市高幡733／境内自由（奥殿・大日堂は9:00～16:00）／奥殿は300円、大日堂は200円／各線高幡不動駅から徒歩5分／無休（奥殿・大日堂は月曜）／Pなし

一部不可

仏像図解

大迫力の不動明王像は童子像を従えるお姿。表情が柔らかい大日如来像で癒しパワーも感じたい。

童子を従えた威厳ある形相

【重文 不《ふ》動《どう》三《さん》尊《そん》像《ぞう》】

○寄木造り
○平安時代
○不動堂

金剛の杵《きね》と杖
金剛石のように硬い杵で、強い煩悩を打ち砕くのだそう

ちょっと怖い？ 表情
煩悩を取り除き、力ずくで人々を救おうとする忿怒（ふんぬ）の表情

人々を救うロープ
邪悪な心を縛り上げる羂索（けんさく）という縄

穏やかで理性的な表情
仏教を信仰するすべての衆生を守る役割なので穏やか

従順な15歳の童子

【矜《こん》羯《が》羅《ら》童《どう》子《じ》】

サンスクリット語で「何をするべきかを問い、その命令の通りに動く」を意味する。

すべてを見抜く！

【不《ふ》動《どう》明《みょう》王《おう》像《ぞう》】

怒った顔をしているが、人々の煩悩を断ち切るように導く慈悲深い仏様。大日如来の化身。

実は性悪の象徴？

【制《せい》吒《た》迦《か》童《どう》子《じ》】

サンスクリット語で「息災・福徳聚勝」の意味。誠実でたくましい性格とされ、性悪を表す。

不動堂は東京都最古の文化財建造物

愛に満ちたお姿

市文化財 **大《だい》日《にち》如《にょ》来《らい》像《ぞう》**

○寄木造り
○平安中期（十世紀）
○大日堂

小柄で細身
全体に細身で均整の取れたプロポーション

智拳印という特徴的な手の形
金剛界の大日如来が結ぶ形。左手の人さし指を立て、右手で握る

材質の違う足元
頭身は欅だが、脚部のみ比較的やわらかい榧で作られている

この地に縁のある土方歳三の銅像も

平安初期の様式を模した五重塔。総高は約45m

美貌にうっとり 癒し系の大日如来坐像

　不動明王像とは対照的な、柔和な表情が特徴の仏像にも注目。大日堂（総本堂）のご本尊・大日如来像は、高さ80センチほどの坐像。平安時代中期制作と言われており、日野市の文化財にも指定されている。木の素地があらわになった優しく美しい姿に魅了されること間違いなし。

　また、高幡不動は数々の寺宝のほか、五重塔のライトアップや初夏に咲き乱れるあじさい（→P.223）など楽しい見どころが満載なのも特徴。なかでも四国八十八ヶ所巡りを模して造られた散策路が人気で、一時間ほどでお遍路巡りが叶う。今も昔も人々を分け隔てなく見守る高幡不動の懐の深さを感じよう。

BUDDHA STATUE 仏

深《しん》大《だい》寺《じ》

東日本最古！穏やかな微笑みがエモい♡

ココがすごい ☑釈迦如来像 ☑鬼大師像

境内のなんじゃもんじゃは4月末頃が見頃

調布市指定文化財の山門。2月には梅の花が見頃に

あどけなく美しい微笑みに魅入られて

天平五（七三三）年、満功上人によって創建されたという深大寺。注目は平成二九（二〇一七）年に国宝に指定された釈迦如来像。美術史でいう白鳳時代（七世紀後半〜八世紀初頭）の作といわれ、東日本最古にして都内寺院唯一の国宝仏だ。少年を思わせるあどけない表情、椅子に腰かけたような姿勢、美しく流れる衣文。いずれも白鳳時代の仏像の特徴であり、白鳳仏の中でも代表作だ。

そんな釈迦如来像だが、江戸時代には長らく人々から忘れられていたという。明治時代になり、当時の東京帝国大学助手・柴田常恵により再発見され、深大寺の名とともに日本中に知れ渡った。

今では都立神代植物公園が隣接し、名物のそば店が門前に軒を連ね、連日、観光や参拝者でにぎわう。釈迦如来像は、今日も優しい微笑みを湛えて人々を見守っている。

調布市

TEL 042-486-5511

調布市元町5-15-1／9:00〜17:00／境内自由／京王バス深大寺から徒歩1分／無休／Pなし

一部不可

◆創建：天平5（733）年、天平時代に満功上人が開山したと伝わる。豊かな泉水があったことから、水神と関係のある深沙大王の霊地とされている ◆本尊：阿弥陀如来 ◆拝観所要時間：30分 ◆国宝の釈迦如来像や元三大師の胎内仏で秘仏の「鬼大師像」などが安置されている。緑が多く残るのも魅力

P156〜158の写真提供：浮岳山深大寺

日本最大級の坐像で疫病退散！

厄除け元三大師《がんざんだいし》として知られる木造・慈恵大師《じえだいし》坐像（非公開）。坐像ながら高さ2メートル近く、僧侶の姿をした古像としては日本最大級だ。モデルとなった慈恵大師は悪魔調伏の力を持つとされており、その言い伝えに違わぬ迫力のある顔つきが特徴的。

元三大師様の胎内像 迫力満点の鬼大師像

わずか15センチながら恐ろしい風貌が目を引く鬼大師像は、慈恵大師坐像の胎内像だったもので、慈恵大師が鬼のような風貌に変化した姿とされる。天平十五（七四三）年の出開帳以来、秘仏だが、令和三（二〇二一）年に疫病退散を願い期間限定で特別公開された。

僧侶直々に目入れ！日本最大のだるま市

毎年3月3・4日開催の「厄除元三大師大祭」。諸願成就の大護摩供が終日行われ、十万人余りが訪れる。お大師様の威力にあやかる「縁起だるま市」も開催。境内には縁起だるま店などが並び、元三大師堂で僧侶がだるまに目入れしてくれる（→P.241）。

深沙大王堂（深沙大王供・毎月17日）

天井画「赤龍」17日の法要後見学可

仏像図解

飛鳥時代に作られた美しいお顔のお釈迦様。
眼力MAXの元三大師は2m近い巨大像！

美しすぎる！

【国宝 釈《しゃ》迦《か》如《にょ》来《らい》倚《い》像《ぞう》】

○銅造り
○飛鳥時代
○釈迦堂

三道を表す平彫り
頭部は螺髪の凹凸を明らかにしない平彫り。三道を表現

優しい微笑み
丸い輪郭に半眼、どこか明るささえ感じる微笑みに癒される

当時の最新技術！
全身を一度に鋳造する「一鋳」で作られ、体内は大きな空洞に

美しい衲衣《のうえ》
衣は規則正しく折り畳まれていて流れる写実的な表現

厄をも払うお姿

【秘仏 慈《じ》恵《え》大《だい》師《し》坐《ざ》像《ぞう》（元三大師像）】

○寄木造り
○鎌倉時代後期から南北朝時代
○元三大師堂

坐像にして高さ2m
坐像としても僧像としても日本最大級

実写的な造形表現
不動明王の化身とも言われた慈恵大師の精悍な顔をリアルに表現

胎内秘蔵が！
体内には15㎝ながら迫力満点の鬼大師像が眠っていた。こちらも秘仏

BUDDHA STATUE 仏

光《こう》源《げん》寺《じ》(駒込大観音)

7月10日に詣でれば最強説!

観音様の足元から4万6千日の参拝

境内の梅の木にちなみ「梅の大観音」とも呼ばれる、光源寺の駒込大観音。奈良の長谷観音を模した十一面観音像だ。初代の像は江戸の商人・丸屋吉兵衛の発願によって造られた。東京大空襲で一度焼失したが、平成五(一九九三)年に再建し、今に至る。

7月9・10日には「ほおずき千成り市」を開催。期間中は特別に観音様を間近からお参りできる。7月10日に参拝すると4万6千日参拝したのと等しい功徳があるとか。

ココがすごい ☑十一面観音像 ☑ほおずき千成り市

仏像図解

奈良県・長谷寺の観音様を模した、黄金に輝く極彩色に彩られた豪華絢爛な駒込大観音。

❗一つずつ表情が違う?!

【十《じゅう》一《いち》面《めん》観《かん》世《ぜ》音《おん》菩《ぼ》薩《さつ》立《りつ》像《ぞう》】

○木曽檜の寄木造り
○平成五（一九九三）年
○観音堂

木造では日本最大級！
初代の観音様は8m、現在の二代目は6mもの高さを誇る

喜び・願い・悩み・苦しみ・悲しみ・怒りを表す
あらゆる感情を表す菩薩面、忿怒面、狗牙上出面、大笑面が並ぶ

右手には錫杖《しゃくじょう》
仏が六道を巡り、人々を救済する象徴として、錫杖を持つ

観世音菩薩の霊場とつながる
泥に根を張る蓮は煩悩（泥）の中でも一心に悟りを開く様の象徴

駒込大観音は「東京三十三観音霊場」の27番札所

向丘・白山・本駒込エリアの夏の風物詩である「ほおずき千成り市」は大いににぎわう

◆創建：天正17（1589）年、創建時は神田にあり、慶安元（1648）年に現在地に移転 ◆本尊：阿弥陀如来 ◆拝観所要時間：30分 ◆現在の観音像は二代目で、平成5（1993）年に再建されたもの。毎年7月9・10日に縁日が行われる

文京区 TEL 03-3821-1188

文京区向丘2-38-22／境内自由／東京メトロ南北線本駒込駅から徒歩3分／無休／Pあり

一部不可

養《よう》玉《ぎょく》院《いん》（大井の大佛）

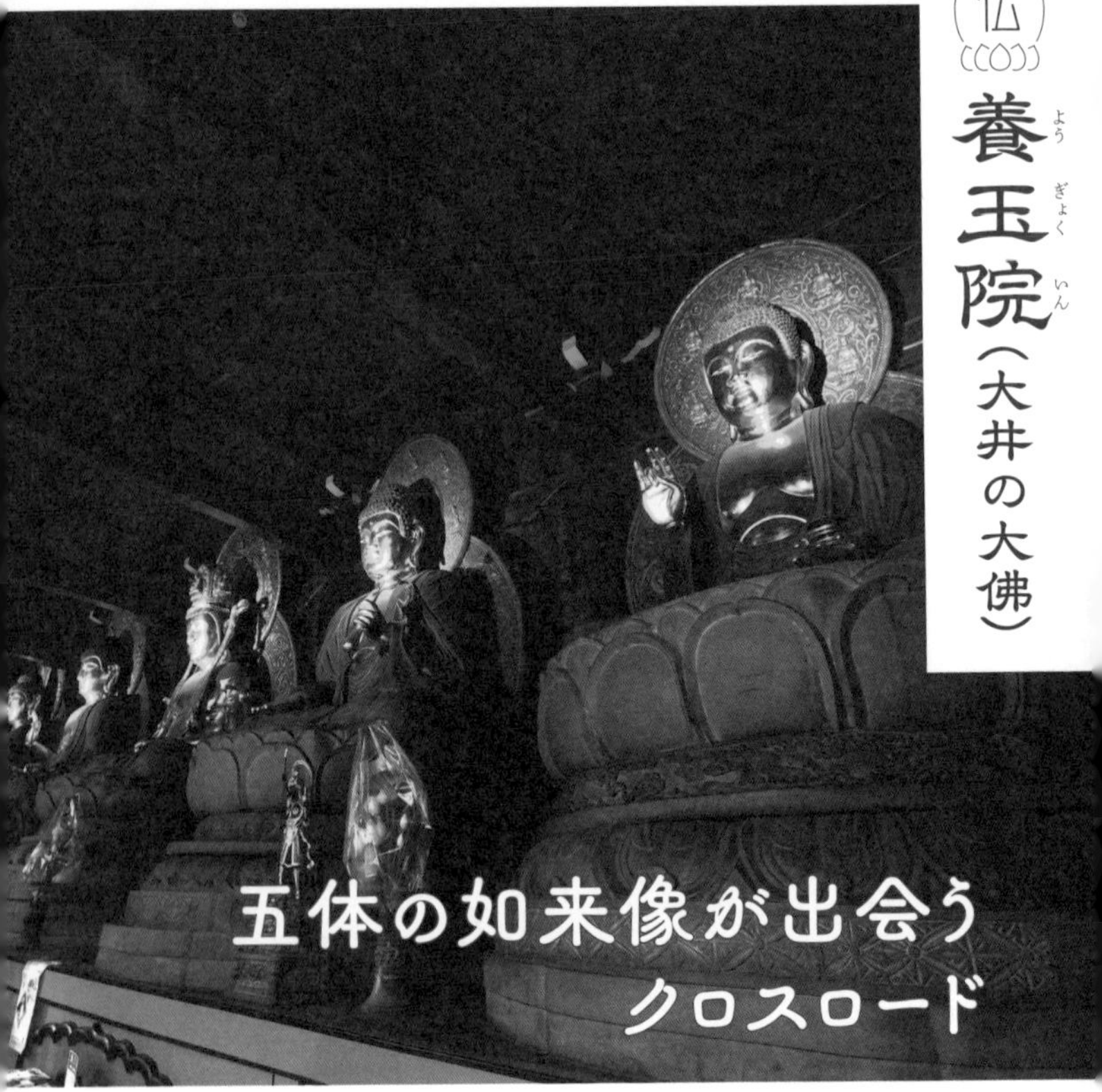

五体の如来像が出会うクロスロード

仏像図解

電車の車内からも赤い瑞應殿が見える。庶民に愛されている大井の大佛（おおぼとけ）。

庶民の信仰も篤い

〔区有形文化財 五《ご》智《ち》如《にょ》来《らい》〕

○薬師如来は寛永一二（一六三五）年ほかは延享三（一七四六）年
○寄木造り　○瑞應殿

病を治し長寿を願う

〔薬《やく》師《し》如《にょ》来《らい》〕

東方世界の教主。病気やケガなどの苦しみから人々を救う

平等こそ美しい

〔宝《ほう》勝《しょう》如《にょ》来《らい》〕

南方世界の教主。財宝を生み出し人々に福徳を授ける

ココがすごい ☑ 五体の大佛

養玉院（大井の大佛）

朱塗りの瑞應殿は中に入って大仏にお参りできる（左）／龍に乗って人々を助けに来てくれるという龍神観音

東西南北の如来五体が大集合！

台座を含めて約6メートルの大仏が、横一列に並ぶ姿はまさに迫力満点！品川・西大井にあった如来寺が江戸時代の初期に開かれ、明治期に養玉院と統合し現在の西大井に移転。境内にある朱塗りの瑞應殿には、「大井の大佛《おおぼとけ》」と呼ばれる木造五智如来坐像が安置されている。

左から、北方世界の釈迦如来、西方世界の阿弥陀如来、中央世界の大日如来、南方世界の宝勝如来、東方世界の薬師如来と並ぶ。五智如来とは、密教における五つの智慧を説いたもの。江戸時代以降に現世利益を願う信仰が強まり、現在では健康や五穀豊穣などの功徳をもたらす存在として親しまれている。

◆創建：寛永年間（1624～44年）。明治期に下谷にあった養玉院と芝高輪にあった如来寺が統合し、現在の地に移転 ◆本尊：阿弥陀如来 ◆拝観所要時間：20分 ◆大日如来を中尊とする五体の如来を総称した五智如来が見られる。品川を中心に徒歩で回れる荏原七福神の布袋尊も祀る

品川区 TEL 03-3771-4816

品川区西大井5-22-25／境内自由／JR各線西大井駅から徒歩10分／無休／10台

すべての中心神！

〔大《だい》日《にち》如《にょ》来《らい》〕

真言密教の教主。万物を慈しむ太陽の功徳をもたらす

極楽浄土へ導く

〔阿《あ》弥《み》陀《だ》如《にょ》来《らい》〕

西方世界の教主。極楽往生の功徳をもたらす

自分自身に打ち勝つ

〔釈《しゃ》迦《か》如《にょ》来《らい》〕

仏教の開祖。あらゆる苦悩から人々を救う

BUDDHA STATUE

仏

五《ご》百《ひゃく》羅《ら》漢《かん》寺《じ》

弟子が一堂に会した静寂空間

そっくりな一体が見つかるかも？

木製の坐像３００体以上がずらり。「目黒のらかんさん」として親しまれる天恩山五百羅漢寺の羅漢像だ。羅漢とは、釈迦の弟子のこと。五百羅漢像は、釈迦が亡くなったときに駆け付けた５００人の羅漢がモデル。

廃仏毀釈の憂き目にあいながらも、３０５体の羅漢像が現存。本堂では羅漢たちが釈迦の説法を聞く様子が再現されている。一堂に会した羅漢の中に、自分に似た一人を見つけられるのだとか。

ココがすごい ☑ お堂に並ぶ羅漢様

仏像図解

一体ずつ表情や姿が異なる羅漢像は、すべて修行僧。釈迦の話を聞く姿に心が整う。

❗五百羅漢の第二九七尊

【義《ぎ》法《ほう》勝《しょう》尊《そん》者《じゃ》】

○寄木造り
○不明（江戸時代以前）
○本堂・羅漢堂

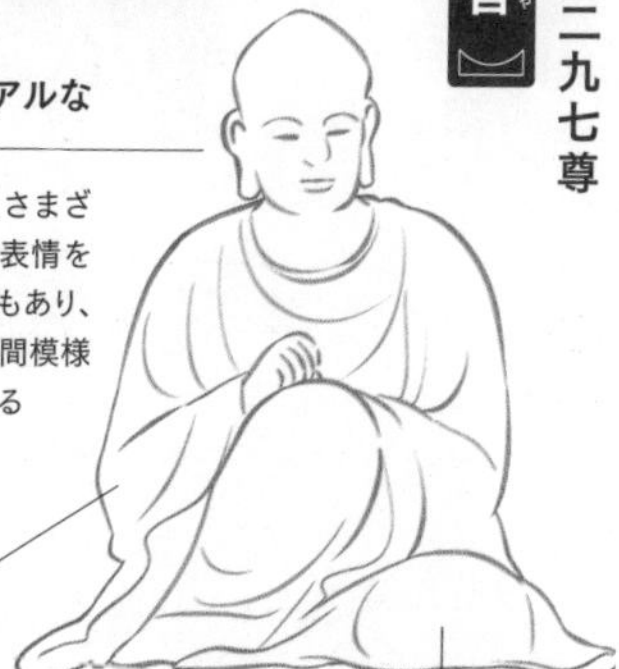

かなりリアルな表情？
表情は実にさまざま。怒りの表情を浮かべる像もあり、リアルな人間模様が見て取れる

修行僧らしい装い
一般的な仏像と違い、少し質素にも見える装いは、修行僧だから

行動派の羅漢様は中腰！
釈迦の説法を聞く羅漢の中には、中腰の者も！ なかなか積極的

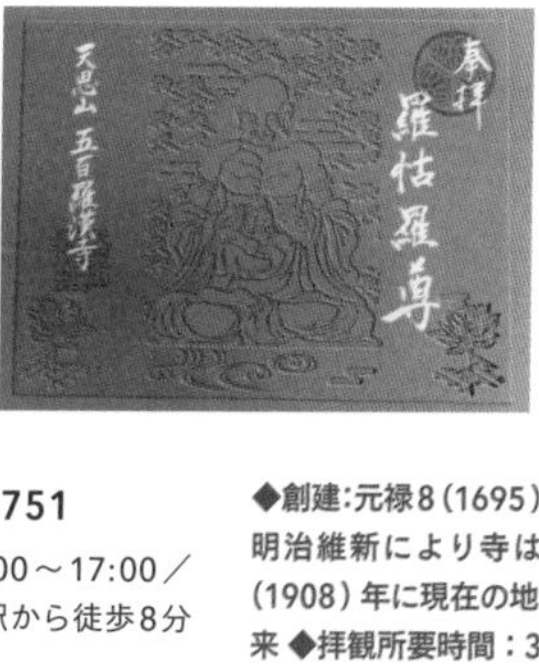

数量限定の切り絵ご朱印。モチーフは毎年変わり、なくなり次第終了。透明なプラスチック製ご朱印もある。1000円（→P.149）

目黒区 TEL 03-3792-6751

目黒区下目黒3-20-11／9:00～17:00／500円／東急目黒線不動前駅から徒歩8分／無休／Pなし

◆創建：元禄8（1695）年、本所五ツ目で創建。明治維新により寺は没落するが、明治41（1908）年に現在の地に再建 ◆本尊：釈迦如来 ◆拝観所要時間：30分 ◆五代将軍徳川綱吉、八代将軍徳川吉宗の援助を受けて繁栄した寺。現在は305体の羅漢像を安置してる

BUDDHA STATUE 仏

宝《ほう》珠《しゅ》院《いん》

地獄の大王の前でひよってない!?

家康も信仰した辨財天。天安2（858）年制作、貞純親王、源家、北条家、西誉上人と引き継ぐ。家康の命日にご開帳する

ココがすごい ☑開運出世大辨財天　☑閻魔大王像

東京タワーと本堂のコラボは写真撮影マスト！

出世も地獄行きも紙一重で決まる!?

見上げると東京タワーの赤と、生い茂る緑の対比が美しい港区芝公園に位置する宝珠院。本尊は、阿弥陀如来だが、そのほか薬師如来、辨財天、閻魔大王が安置されている。なかでも印象的な像と言えば、やはり閻魔大王だろう。貞享二（一六八五）年作、寄木造りの本像は、つい目をそらしてしまいたくなるほどの迫力だ。

そんな閻魔大王、実は地蔵菩薩の化身とも言われており、この世での生き方を見守り続ける存在だ。お参りすることで、自分自身の生き方を見つめ直せるはず。毎年7月15・16日は閻魔大王の縁日で、閻魔堂内にて地獄絵図、極楽絵図がご開帳される。

◆創建：貞享2（1685）年 ◆本尊：阿弥陀如来 ◆拝観所要時間：20分 ◆本尊は阿弥陀如来だが、家康寄贈の秘仏・辨財天や、閻魔大王なども安置。東京タワーも見える

港区 TEL 03-3431-0987

港区芝公園4-8-55／9:30～16:30／境内自由／都営地下鉄大江戸線赤羽橋駅から徒歩5分／無休／Pなし

一部不可

仏像図解

古くから信仰の対象になっていた閻魔大王。お参りすると、生き方を見つめ直せるとか？

お地蔵様の生まれ変わり？

〔港区指定有形文化財 閻《えん》魔《ま》大《だい》王《おう》 司《し》録《ろく》・司《し》命《みょう》〕

○寄木造り ○貞享二（一六八五）年 ○閻魔堂

2つの顔の人頭杖
閻魔大王は人頭杖を持ち、亡者の生前の罪に判決を下す
司録
閻魔大王の側近。反対側にいる司命が読み上げた罪を書き留める
司命
司録と同様に、閻魔大王の側近。亡者たちの罪を読み上げる役割
坐っているのに像高は137㎝！
檜の寄木造りの本像。坐したお姿は台座部分を含めず、137㎝も！ 上空から見下ろす眼差しは強烈

BUDDHA STATUE 仏

深《ふか》川《がわ》不《ふ》動《どう》堂《どう》

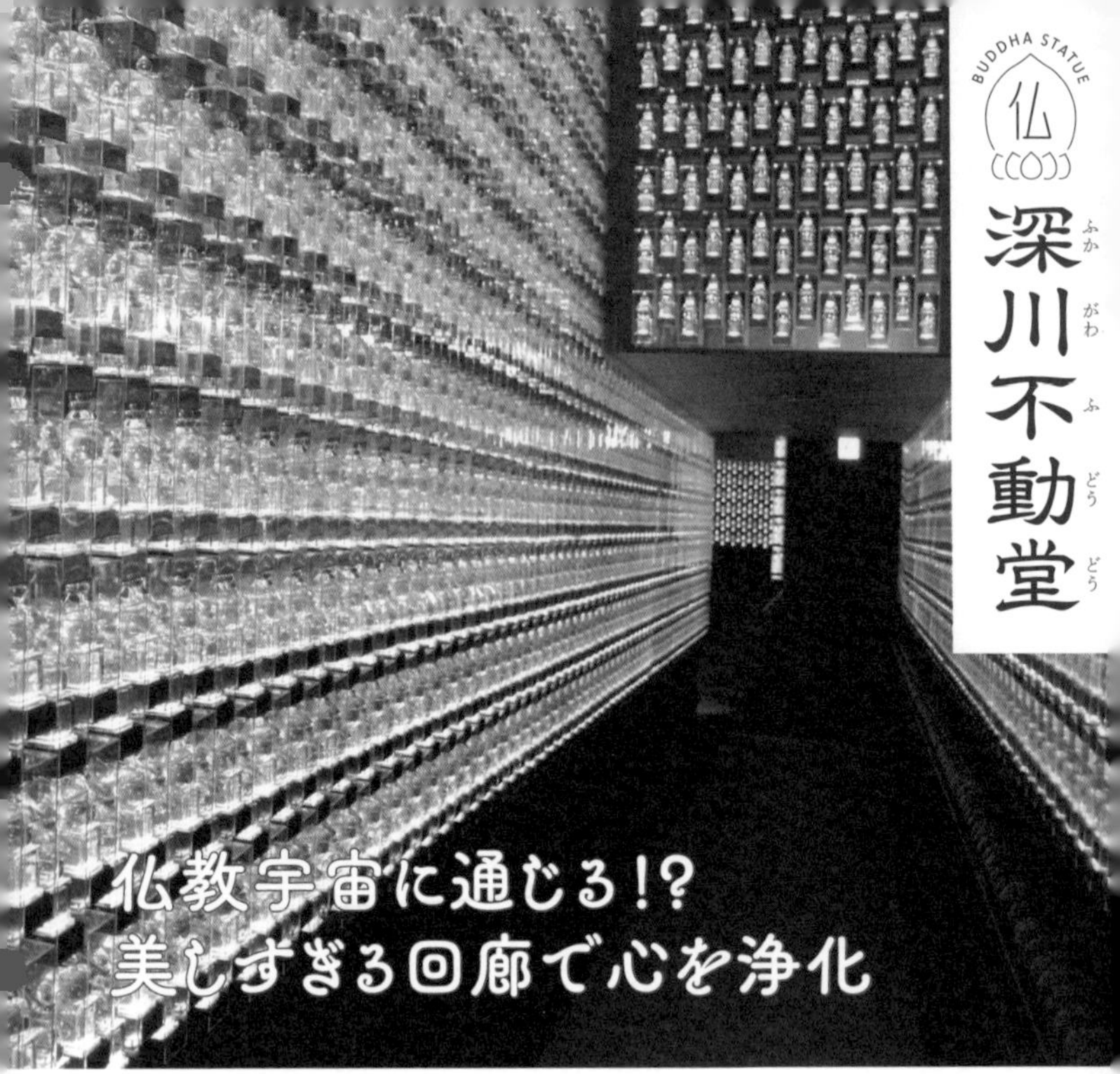

仏教宇宙に通じる!?
美しすぎる回廊で心を浄化

五輪塔の内部には小さな不動尊像が納められている

不動明王の真言が梵字で書かれた本堂

約一万体の五輪塔を奉安
「深川のお不動様」

千葉県成田市にある大本山、成田山新勝寺の東京別院。歌舞伎の影響で信仰が高まったお不動様。元禄十六（一七〇三）年に成田山新勝寺の本尊である不動明王を江戸に奉持し、特別拝観したことが始まりとされる。

本堂には約一万体のクリスタル五輪塔が奉安され、回廊を歩くだけで心が安らぐ。

江東区 TEL 03-3641-8288

江東区富岡1-17-13／7:30～18:00（内仏殿参拝は～17:45）／境内自由／東京メトロ東西線門前仲町駅から徒歩2分／無休／Pなし

◆創建：元禄16（1703）年、富岡八幡宮（→P.38）の別当・永代寺で成田不動の「出開帳」が開かれたことが起源 ◆本尊：不動明王 ◆拝観所要時間：20分 ◆出開帳が行われた永代寺は明治維新後、神仏分離令により廃寺。明治11（1878）年に現在の場所に成田不動の分霊を祀り、深川不動堂として存続

ココがすごい ☑ **クリスタルの五輪塔**

正《しょう》福《ふく》寺《じ》

江戸庶民の病を治した！お地蔵様のお家は国宝♡

江戸時代、病になると地蔵を持ち帰り、治ると２体にして奉納したそう

国内に３つだけの建築⁉ 地蔵堂は必見スポット

禅宗の代表的な建築方法の国宝・地蔵堂と、年に三回のみ公開される地蔵堂内を見たい寺。高さ約１７５センチの延命地蔵菩薩像の周りに20センチほどの木彫りの地蔵が並ぶ。江戸時代から庶民が奉納し続けた地蔵は必見。

鎌倉の円覚寺・舎利殿とともに禅宗様建築の代表的遺構として国宝に指定

東村山市 TEL 042-391-0460

東村山市野口町4-6-1／境内自由（千体地蔵堂は6月の第２日曜と8月8日の11:00～15:00、11月3日の10:00～16:00）／西武線各線東村山駅から徒歩15分／無休／約40台

◆創建：弘安元（1278）年、鎌倉幕府の執権であった北条時宗により建立と伝わる ◆本尊：千手千眼観音 ◆拝観所要時間：15分 ◆国宝である千体地蔵堂は6・8・11月の年3回、内部が公開される

ココがすごい ☑ 国宝の千体地蔵堂

彫

SCULPTURE

題《たい》経《きょう》寺《じ》（柴又帝釈天）

数多の彫刻師による装飾彫刻が満載！

立派な彫刻が目を引く柴又帝釈天。参道突き当りにある重厚な二天門の表の彫刻は、名匠・加藤勘造《かんぞう》一門が手掛けた。境内のお堂も緻密な彫刻で飾られており、なかでも帝釈堂の外側にある10枚の胴羽《どうは》目《め》彫刻は圧巻の迫力。加藤勘造の子・寅之助ら10人の彫刻師が法華経の説話の場面をそれぞれに担当。10年以上の歳月をかけて完成した入念の作品は、一見の価値あり！

ココがすごい ☑法華経の教え ☑加藤勘造

◆創建：寛永6（1629）年 ◆本尊：大曼荼羅 ◆拝観所要時間：1.5時間 ◆中山法華経寺（現・千葉県市川市）として19世禅那院日忠（ぜんないんにっちゅう）上人の弟子が開山。国民的番組や夏目漱石の作品の舞台にもなっている

葛飾区 TEL 03-3657-2886

葛飾区柴又7-10-3／5:00～20:00（彫刻ギャラリー・邃渓園は9:00～16:00）／境内自由（彫刻ギャラリー・邃渓園共通400円）／京成金町線柴又駅から徒歩3分／無休／Pなし

一部不可

国民的番組『寅さん』も愛した精巧すぎる彫刻美にうっとり

彫刻図解

名彫刻師が彫り上げた法華経説話の作品をチェック！ 胴羽目彫刻の彫刻原型は大客殿にある。

塔《とう》供《く》養《よう》図《ず》

御法の雨を信じて仏に手を合わせる修行者たち
彫刻：金子光清

三《さん》車《しゃ》火《か》宅《たく》図《ず》

苦しみの多いこの世を燃えている家にたとえた
彫刻：木嶋江運

一《いち》雨《う》等《とう》潤《じゅん》図《ず》

仏の慈悲や救済活動のありさまを説く章を解説する
彫刻：石川信光

法《ほう》師《し》修《しゅ》行《ぎょう》図《ず》

法華経を学ぶ者の前に六牙の白象に乗って現れる菩薩
彫刻：横谷光一

病《びょう》即《そく》消《しょう》滅《めつ》図《ず》

法華経は閻浮堤（現世）の不老不死の薬であると説く
彫刻：今関光次

法《ほう》師《し》守《しゅ》護《ご》図《ず》

法華経を学ぶ者は天の神々が守ってくれると伝える
彫刻：加藤寅之助

大鐘楼《だいしょうろう》

高さ約15m、木彫りを施した総欅の大鐘楼。関東一の鐘楼と言われている

彫刻《ちょうこく》ギャラリー

帝釈堂の外壁を巡るように飾られた、P.172で紹介した6作品に4作品を加えた10枚の胴羽目彫刻を間近に鑑賞できる

邃《すい》渓《けい》園《えん》

大客殿前に広がる池泉式庭園。庭に下りることはできないが、庭園・彫刻ギャラリー共通券で入場し、周囲の廊下から観賞できる

二《に》天《てん》門《もん》

明治29（1896）年に落慶した入母屋造瓦葺（いりもやづくりかわらぶき）の門。江戸最後の名匠と言われた坂田留吉によるもの

参道のお店もハズせない！

『男はつらいよ』の主人公・寅さんの実家のある商店街としても知られる。下町情緒が漂う参道には草団子を売る店や食事処などがずらり。

あわせて寄りたい!!! 帝《たい》釈《しゃく》天《てん》参《さん》道《どう》

彫

SCULPTURE

築《つき》地《じ》本《ほん》願《がん》寺《じ》

幻獣たちの楽園散策

幻獣があちこちに異彩を放つ仏教寺院

丸みのある屋根に石造り風の外観など、エキゾチックな雰囲気が漂う築地本願寺。古代インド様式建築の建物は、日本の寺のイメージとはだいぶ異なる。本堂内は、広い参拝スペースのある中央正面に本尊の阿弥陀如来を安置しているなど、伝統的な真宗寺院の造りで、和と洋が見事に融合している。ほかにも、入口のステンドグラスや境内のさまざまな珍獣の彫刻など、見どころがたっぷり。

ココがすごい ☑古代インド様式の建築 ☑和と洋の融合

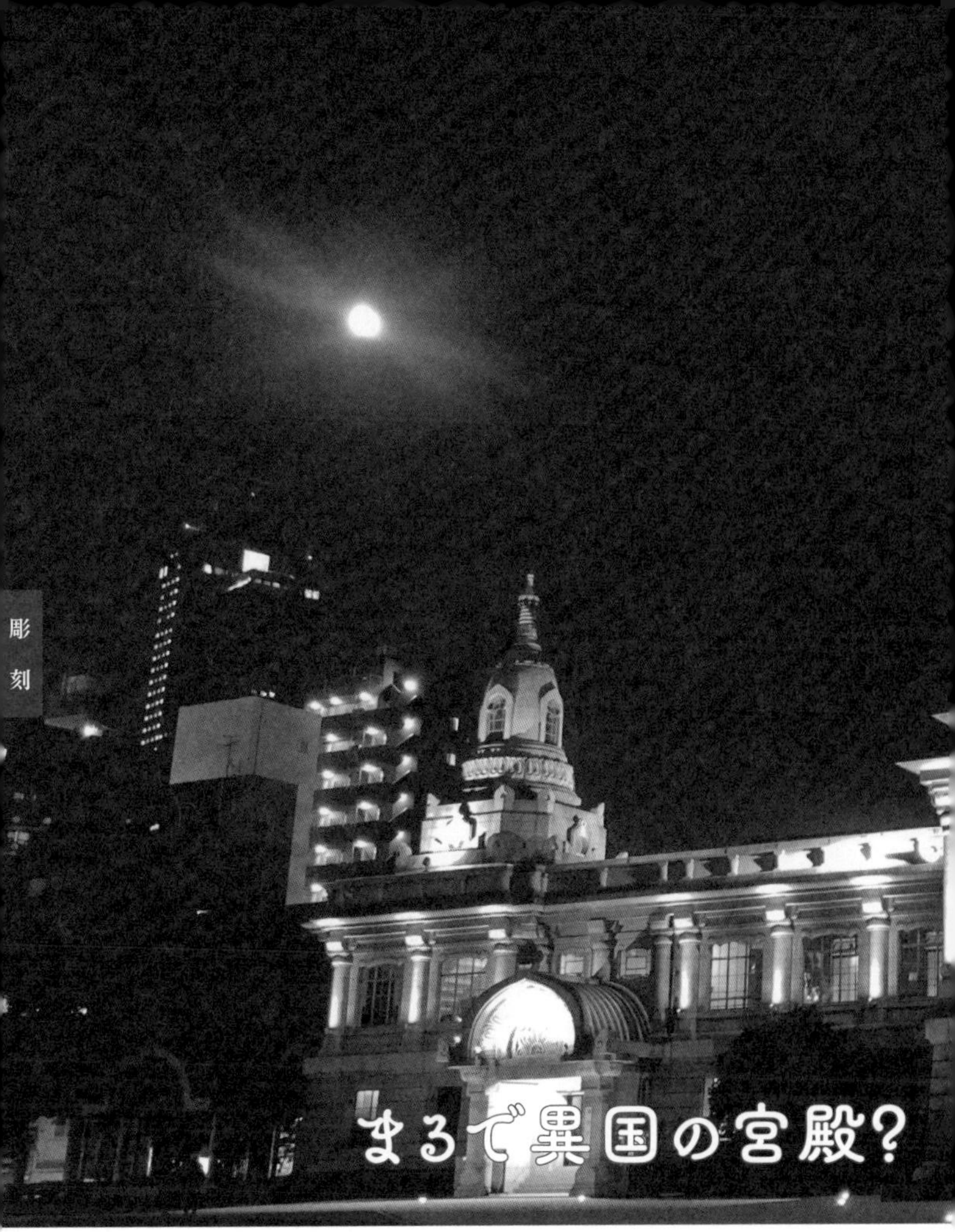

◆創建：元和3（1617）年現在の日本橋横山町、東日本橋に創建。「明暦の大火」で全焼し、その後現在の地に再建。大正12（1923）年に関東大震災に伴う火災により再度本堂を焼失。昭和9（1934）年現在の本殿の姿になる ◆本尊：阿弥陀如来 ◆拝観所要時間：1時間

中央区 TEL 0120-792-048

中央区築地3-15-1／6:00～16:00頃（夕方のお勤め終了後閉門）／境内自由／東京メトロ日比谷線築地駅から徒歩1分／無休／約50台

一部不可

本堂

昭和9（1934）年に建築家の伊東忠太設計により再建。和洋融合の独特な空間が広がる。平成26（2014）年、石塀、三門門柱とともに国の重要文化財に

西洋風ステンドグラス

本堂入口の上部に飾られた色鮮やかなステンドグラス。仏教の象徴を表すハスが描かれている。日の当たる時間に訪れるとより一層美しい

パイプオルガン

昭和45（1970）年に仏教音楽普及のために寄贈された。法要行事などで約2000本のパイプが荘厳な音色を奏でる。毎月最終金曜日にはランチタイムコンサートを開催

おたのしみ

寺院の眺め良好♡

築地本願寺内の和カフェ Tsumugi

本堂や境内を眺めながら食事ができる。「18品の朝ごはん」をはじめ、ランチや和スイーツも充実。（→P.198）

12枚そろえたい！

参拝記念カード

本堂入口に置いてあるカード。毎月絵柄が変わり、12枚集めて寺務所へ持参すると参拝記念品がいただける。

彫刻図解

東京帝国大学（現・東京大学）名誉教授で建築史家の伊東忠太博士による建物と幻獣たち！

＼本堂両側の階段に！／

牛

牛は仏教では神聖な乗り物。牛の像は本堂内の右手、階段手すりの支柱部分にある

孔雀

仏説にも登場するクジャクは、物事を包み隠さずに、自分の心をさらけ出すことの象徴

獅子

馬と並ぶようにある獅子の像。狛犬同様に神聖な動物であり、仏教との関係が深いとされる

馬

孔雀のある階段を下りていく途中にあるのが馬の像。躍動感にあふれ、今にも駆け出しそう

象

仏教にとって崇高な生き物とされる象。階段を下りた1階にあり、優しげな表情が印象的

猿

階段途中の壁にあるのが2匹の猿の像。まるで本物の木の上から見下ろしているよう

有翼の獅子像

本堂入口階段下の左右に鎮座。狛犬ならぬ翼をもつ獅子が、本堂を守っている

古代インド様式建築

インドなどアジアの古代仏教建築様式で建てられた本堂。なんともエキゾチック！

彫

SCULPTURE

田《た》無《なし》神《じん》社《じゃ》

5柱の龍神様がすむ文化財の宝庫

ココがすごい ☑嶋村俊表作の彫刻 ☑五龍神

開かれた神社で厄除け＆方位除け

鎌倉時代から続く、厄を払ってくれる「風」と、生命の象徴でもある「水」の神を祀る神社。境内での注目点は二つ。一つ目は彫刻。拝殿には力強い彫刻が、拝殿奥に納められている本殿（→P.181）には繊細な彫刻が施されている。二つ目は、境内の各所に祀られている龍神。五行思想に基づいた五龍神が祀られており、それぞれにお参りすることで方位除けになるという。夏に開催される「七夕てるてるトンネル」（→P.229）も要チェック。

見逃せない!!!

方位を守る龍《りゅう》神《じん》様《さま》に注目！

青龍

春を象徴する東方の守護神。春に新芽が出るように、発展し成長するように導いてくれる。

白龍

秋を象徴する西方の守護神。金属を司ることから、鉱脈を掘り出すように、豊かな収穫へと導いてくれる。

方位学では宇宙は5つの要素で構成されていると考えられており、その考え方を踏襲したのが五行思想。田無神社は五行思想に基づき、金龍神は本殿、東方を青龍神、南方を赤龍神、西方を白龍神、北方を黒龍神が守る。

西東京市 TEL 042-461-4442

西東京市田無町3-7-4／境内自由／西武新宿線田無駅から徒歩6分／無休／40台

一部不可

◆創建：鎌倉期（13世紀）、田無北部の谷戸の官山に創建されたのが始まり ◆祭神：級津彦命（しなつひこのみこと）・級戸辺命（しなとべのみこと）、大国主命 ◆拝観所要時間：40分 ◆嶋村俊表の彫刻が施された本殿は普段見ることができないが、いつも拝観できる拝殿の彫刻も美しい

楠木《くすのき》正成《まさしげ》公《こう》像《ぞう》

鎌倉～南北朝時代に活躍した名将。正成の子孫が守護したという言い伝えから石造に。戦時中、石を削ってお守りにして出征していったという話が残る

拝殿《はいでん》

明治8（1875）年に地元大工の手により造営。江戸時代の技術を継承した、優れた彫刻が各所に。本殿とあわせ東京都指定文化財に登録

野分初《やぶそめ》稲荷《いなり》神社《じんじゃ》

穀物・食物の神として信仰されてきた御饌津神（みけつかみ）を祀る。商売繁盛、開運招福、屋敷の守護神など多彩な信仰を集めている

ご神木《しんぼく》(銀杏《いちょう》の木《き》)

境内には5本のご神木があり、金龍に当たるこちらが最大の巨木。天保13（1842）年から嘉永3（1850）年に植樹されたと伝わる

おたのしみ

全色コンプしたい!

新《しん》五《ご》龍《りゅう》神《じん》みくじ →P.60

龍神様がマスコットのようなお姿に! それぞれの色にちなんでおり、全色コンプリートする？ 各500円。

繊細すぎる芸術品

切り絵ご朱印 →P.149

龍神様の躍動感を感じる切り絵ご朱印は、白黒タイプとカラータイプの2種類。ご朱印帳に挟めるサイズが◎。

ジェニック祭りで運気もUP

七夕てるてるトンネル →P.229

五穀豊穣を祈願する夏の祭事。龍神様の色にちなんだ短冊が並ぶトンネルはマストで写真を。

彫刻図解

江戸幕府公認！ 神社仏閣の彫刻家の八代目に当たる嶋《しま》村《むら》俊表《しゅんぴょう》の彫刻美を解説。

飛龍《ひりょう》

柱と柱をつなぐ「繋ぎ虹梁」に施された龍神の彫刻。躍動感があり今にも飛んでいきそうな勢いを感じる

養老孝子図《ようろうこうしず》

貧しい孝子が酒を好む老父のために働き、酒の滝（泉）を発見したという日本の伝説。本殿正面にある

大舜図《たいしゅんず》

本殿東側にある中国の逸話。徳の高い舜（しゅん）を見込み、時の皇帝がその位を舜に譲ったという話を表現

本殿《ほんでん》

名匠・左甚五郎を祖とし、江戸幕府公認の神社や仏閣の彫刻を担当した名門・嶋村家の八代、嶋村俊表による彫刻。合計147点もの彫刻が施されている。普段は拝観できない

姜詩図《きょうしず》

貴人が中国の二十四孝の一人・姜詩に出会う場面で湧き水がテーマの彫刻。本殿北側にある

楊香図《ようこうず》

襲ってくる虎から父親を助ける女の子の勇気と孝行を描写。自らを犠牲にして父を守った姿だ。本殿西側

麒麟《きりん》

両面下部の腰組に彫刻されている、中国神話の伝説上の動物「麒麟」。鳳凰と対として扱われる

建
ARCHITECTURE

仙《せん》行《ぎょう》寺《じ》

大都会のど真ん中EVで登れる山寺

ココがすごい ☑池袋大仏 ☑そびえる本殿

池袋大仏

山門をくぐった先、正面に鎮座する二丈釈迦如来坐像。高さは床面から最高位置まで約5.5m、重さは約1.5t、木曽檜の木彫りで「池袋大仏」として親しまれている

草花と祈り

訪れる季節や人生の節目、草木に宿るさまざまな力を大切に考えているため、本堂ビルの外壁緑化を実現。まさに都会の山寺だ

福禄寿

「雑司が谷七福神めぐり」の寺でもある仙行寺には、優しい表情をした福禄寿が。池袋大仏に向かって右手に安置されている

池袋で自然を感じる開かれた「山寺」

文化の発信地でもある池袋駅から徒歩5分ほど、緑に覆われたビルのような建物が仙行寺だ。開山は江戸時代。文京区の小石川で開山するが、明治四五（一九一二）年に道路改修などの都合で池袋に移転。その後も東京大空襲の影響などにより、場所と形を変えながら、多くの庶民の心を支えてきた。

本堂が現在のような形になったのは平成四（一九九二）年。一階には池袋大仏、二〜六階は霊園、七階に本堂がある。

豊島区 TEL 03-5928-3213

豊島区南池袋2-20-4／9:00〜17:00／境内自由／JR各線池袋駅から徒歩5分／無休／Pなし

一部不可

◆創建：前身となる蓮華寺は江戸初期開山。現在の本堂ビルは平成4（1992）年に建設
◆本尊：曼荼羅日蓮 ◆拝観所要時間：30分
◆都心の墓や寺の新しい形を示す寺の一つ。1階は出入り自由で、池袋大仏と雑司が谷七福神の福禄寿を安置

大きく開かれたビルへの入口が仙行寺の山門。参道を進むと池袋大仏の姿が

仙行寺の今まで＆これから

江戸初期	小石川で開山	善行院として善性院日辿上人が、現在の文京区小石川指ヶ谷町付近で開山する
明治40年	松栄山仙行寺と改号	隣接していた仙應院と合併し、松栄山仙行寺となる。開基は和光院日貞上人
明治45年	豊島区蟹ヶ窪に移転	小石川の道路整備などのため、豊島区蟹ヶ窪の地に移転
昭和20年	東京大空襲で焼失	本堂が被害にあい、浄行菩薩石像と過去帳のみに。その後数年間、本堂再建がかなわない
昭和40年	本堂の再建	十畳二間に本尊を安置するだけだったが、ようやく本堂再建がかなう
平成4年	本堂ビル建設	時代の流れとともに文化会館なども備えた現在の姿に立て替え。神奈川県などに霊園も造る

大都会の山寺に登る！

本堂は7階。主に法要のために利用されるが、境内の見学（無料）を申し込めば参拝できる

7F

3-6F

輸送式の納骨堂。一般参拝者は入室できないので要注意。納骨堂購入希望者の見学は可能

2F

納骨堂参拝者用のロビー。可憐な仏像が安置された近代的な雰囲気の空間

1F

池袋大仏は法華経虚空会に由来した姿で、雲の上で合掌している。本当に宙に浮いているよう！

1階は一般参拝者も自由に出入りし、参拝できるエリア。福禄寿のお守りやご朱印なども用意している

建 ARCHITECTURE

乗泉寺

まるでミュージアム！モダンな現代寺院

有名建築家が設計 ハイソな住宅街に映える

江戸初期に現在の虎ノ門付近に草庵を建立し、三代将軍・家光の時代に麻布桜田町（現・六本木ヒルズ）に移転した寺院。現在の建物は、丸の内にある国立近代美術館などを建築した谷口吉郎によるもの。

中庭を中心にした境内は各館を廻廊がつないでいる。本堂内はアート空間が広がり、モザイク壁画『合掌の誕生』のほか、大谷石を使用したタイルにも合掌している色タイルが埋め込まれている。

ココがすごい ☑谷口吉郎建築 ☑アート空間

緑豊かな中庭を囲むようにある全長217mほどの廻廊。四季折々の草花を見ることができる

◆創建：元和年間（1615～24年）、京都の妙蓮寺末として建立したのが始まり ◆本尊：本門肝心上行所伝の南無妙法蓮華経の大曼荼羅 ◆拝観所要時間：30分 ◆昭和39（1964）年に完成した現在の本堂は、モダンな寺院建築として今も昔も話題

渋谷区

TEL 03-3462-9991

渋谷区鶯谷町10-15／6:30～20:00／境内自由／JR各線渋谷駅から徒歩15分／無休／Pなし

一部不可

見逃せない!!!

千切形《ちぎりがた》の窓《まど》

本堂西側の壁は全面窓になっており、すりガラスやステンドグラスなどを使用した和モダンな雰囲気の蛇腹折りの窓だ。

合掌《がっしょう》の誕生《たんじょう》

本堂に続く階段にあるモザイク壁画。地下1階から地上2階までの壁を使った大作。海老原喜之助画伯による作品。

虎《とら》ノ《の》門《もん》金《こ》刀《と》比《ひ》羅《ら》宮《ぐう》

派手さが際立つ！
貴重な四神の銅鳥居

昭和二六（一九五一）年、拝殿と幣殿が日本初の建築史家・伊東忠太の設計校閲により再建された。その拝殿前にあるのが銅鳥居。文政四（一八二一）年に奉納されたもので、左右の柱上部に四方の守護神、青龍・白虎・朱雀・玄武の彫刻がある。鳥居の柱脚部には商人や職人ら奉納関係者の名前が刻まれ、江戸時代後期の庶民の信仰を伝える貴重な建造物とされる。

ココがすごい ☑銅鳥居 ☑躍動感ある四神装飾

江戸時代の繁栄を物語る「銅鳥居」の美しい四神は必見

◆創建：万治3（1660）年に讃岐国丸亀藩邸があった芝三田の地に勧請。その後、延宝7（1679）年に江戸城の裏鬼門にあたる現在の地に遷座 ◆祭神：大物主神（おおものぬしのかみ）、崇徳天皇（すとくてんのう）◆拝観所要時間：20分 ◆江戸時代から庶民の篤い信仰の対象だった歴史ある社

銅鳥居 明神型鳥居の柱に四神を装飾。奉納した江戸っ子たちの派手好みが伝わる。平成13（2001）年、港区指定有形文化財・建造物として指定されている

左柱

青龍《せいりゅう》&玄武《げんぶ》

東は青龍、北は玄武が守る。中国から伝わった四神の美しい姿

右柱

朱雀《すざく》&白虎《びゃっこ》

南の朱雀と西の白虎。立体的で躍動的。インパクト大の装飾だ

港区 TEL 03-3501-9355

港区虎ノ門1-2-7／境内自由／東京メトロ銀座線虎ノ門駅から徒歩1分／無休／Ｐなし

一部不可

建
ARCHITECTURE

牛《うし》嶋《じま》神《じん》社《じゃ》

→P.141

正しく鳥居をくぐれば ご利益が3倍に!?

三輪鳥居がある牛嶋神社。大きな明神鳥居の左右に小さな鳥居が付いた三輪鳥居は全国でも珍しく、都内に2カ所だけ。ご利益が3倍になると言う三輪鳥居のくぐり方は、中央から入って左の小さな鳥居、中央を経由し、右の小さな鳥居、もう一度左の小さな鳥居と八の字にくぐる。

境内には狛牛や撫牛が鎮座し、牛に関するものが多いのが特徴。5年に一度の大祭では、黒雄和牛が神牛となり鳳《ほう》輦《れん》(牛車)をひく珍しい姿も。

ココがすごい ☑三輪鳥居 ☑黒雄和牛

東京スカイツリー®からすぐ☆
連なる三輪鳥居をくぐりたい!

神牛《しんぎゅう》

今では珍しいとされる黒雄和牛が神牛。境内にある「撫牛」は体だけでなく心も治るご利益があるとか。自分の体の悪い部分を撫でてから、牛の同じところを撫でる

美
ART

増《ぞう》上《じょう》寺《じ》

→P.100

日本の画伯が大集合！ 秋にだけ見られる大天井絵

江戸前の「粋」を感じる 日本の四季に感動！

徳川家の菩提寺の一つとして知られる増上寺。光摂殿の大広間には120人の日本画家が奉納した天井絵があり、洗練された画風で日本の四季を描き出している。また大広間の襖には岡信孝画伯による『清《せい》香《こう》天《てん》華《げ》図《ず》』も。限定公開なのがもったいないほど美しい空間だ。

　光摂殿の内部を見られるのは、芝公園を中心に開催される「みなと区民まつり」のときのみ。ぜひタイミングを合わせて訪れたい。

四季の草花をテーマにした作品。光摂殿の外からも東京タワーを望める

ココがすごい ☑ 120人の画伯が奉納

美
ART

矢《や》先《さき》稲荷《いなり》神《じん》社《じゃ》

名だたる将軍が勢揃い 百体の騎乗馬の天井画！

馬を描き続けた画家の超大作は大迫力！

徳川家光が、国家安泰祈願や武道の錬成のために三十三間堂を創建。その後、この地で「通し矢」という弓術競技が行われており、その的先の守護神を祀るために矢先稲荷神社が建てられたという。

天井絵は、画家・海老根駿堂による『日本馬乗史百図』。

◆創建：寛永19（1642）年、徳川家光が京都の三十三間堂を模した「浅草三十三間堂」を創建。その守護神を祀ったのが始まり ◆祭神：倉稲魂命（うかのみたまのみこと）◆拝観所要時間：20分 ◆神武天皇から昭和までの日本の馬乗り絵が100体ある

台東区 03-3844-0652

台東区松が谷2-14-1／境内自由／東京メトロ銀座線稲荷町駅から徒歩9分／無休／Pなし

ココがすごい ☑日本馬乗史百図 ☑戦国武将の騎乗馬絵

CAFE《カフェ》 杜《もり》のテラス

@明治神宮《めいじじんぐう》

↓P.48

神聖な杜を見ながら休憩♡

「再生・循環」をテーマにした喫茶

都会の真ん中に広がる緑あふれる神社・明治神宮。その南参道の鳥居前にあるのがこの喫茶スペース。明治神宮造営時に献木された枯損木と国産材も使用した店内は、明治神宮の杜と一体になれる空

喫茶 DATA

TEL 03-3379-9222(代表)
9:00～閉門時間(閉門時間の30分前L.O.)／不定休

ココがすごい ☑再生の杜を感じる ☑神社との一体感

ケーキ各種……500円～

ケーキは季節によってラインナップが変わる。参拝後に甘いものでお腹を満たすのもいい

抹茶ラテ……650円

抹茶の風味と甘さ控えめのホイップクリームの相性が抜群！ 人気メニューの一つ

コーヒー……500円

香り高いコーヒーはラテや豆乳ラテ600円なども。鳥居が見えるカウンターで

原宿駅西口からアクセスすると最初に見えるのがここ。木の温もりを感じられる、森のリゾートのような優しい空間

間。明治神宮の杜のコンセプトである「再生・循環」を感じられる。

提供されるメニューは、ラテや日本茶などを中心に、ケーキやサンドイッチなど。参拝後の休憩に立ち寄って。

喫
CAFE

cafe《カフェ》 MASU《マス》 MASU《マス》
@神《かん》田《だ》神《じん》社《じゃ》（神田明神）

↓P.20

ネーミングが素敵！幸運ランチ

喫茶 DATA

TEL 03-6811-6622
10:00～17:30（金～日曜、祝日は～18:00）／無休

駄洒落がきいたメニューで開運祈願！

東京下町の氏神として慕われている神田神社の境内にある文化交流館・EDOCCO（江戸っ子）内のカフェ。喫茶利用はもちろん、ランチ利用もできる充実のメニューだ。

メニューのネーミングが特

ココがすごい ☑駄洒落メニュー ☑おみやげも充実

徴的で、人気のタコ飯は、食べれば幸せをたくさん引き寄せられるよう「多幸めし」と命名。そのほか、持ち帰りも可能なジンジャーエールは「神社声援」と縁起のいい当て字に。おみやげにも最適。

多幸めし…1350円

1日10食限定の土鍋で炊いたタコ飯。タコの弾力が最高！ サラダと吸い物付き。プラス330円でドリンクとセットにできる

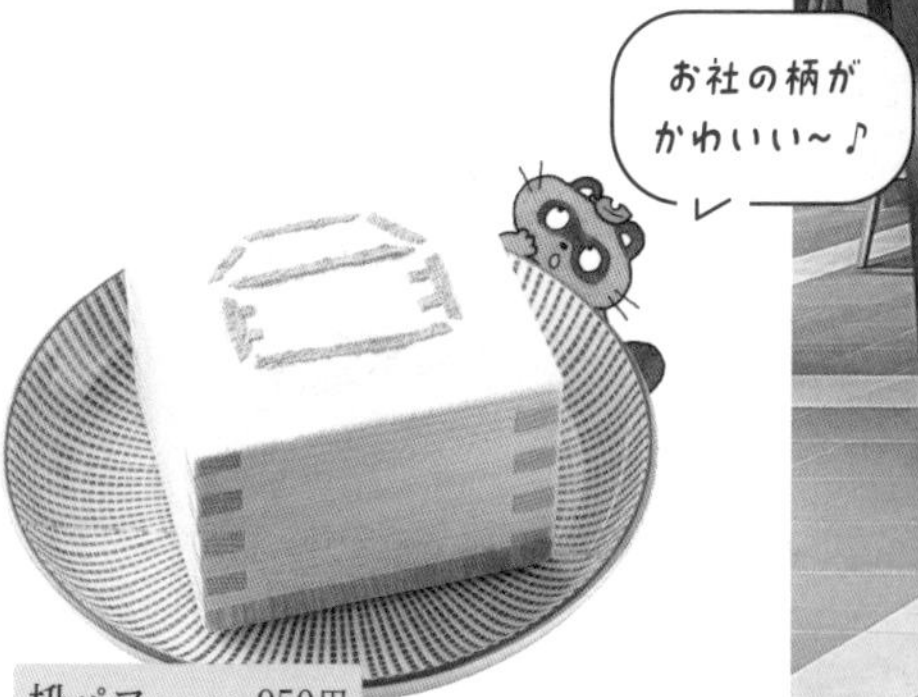

枡パフェ……950円

香ばしい風味の「ぶぶあられ」や抹茶アイス、自家製白玉、柚子ソースなどがこの枡の中に！ プラス330円でドリンクセットに

神社声援…1本450円
テイクアウト1本400円

本物のすりおろし生姜を使ったこだわりのクラフト・ジンジャーエール。3本セットの箱入り1400円は贈答用にも人気だ

喫
CAFE

和カフェ Tsumugi《つむぎ》
@築《つき》地《じ》本《ほん》願《がん》寺《じ》

↓P.174

朝食が話題に！ 仏教を感じる食事を

モダンな本堂で有名な、築地本願寺の本堂向かって左手にある和カフェ。話題の朝食のほか、スイーツなどオリジナルのメニューが並び、本堂を見ながらゆっくり過ごせるベストスポットだ。

話題の18品の朝食は法蔵菩薩（のちの阿弥陀仏）の「本当に安心できる世界に、いのちあるものすべてを平等に生まれさせたい」という願いにちなんだメニュー。

ココがすごい ☑18品の朝ごはん ☑モダンな建物

18品の朝ごはん…・2200円

田楽や湯葉いくら、佃煮などが並ぶ。朝食時間の8:00～10:30限定。お粥はおかわり自由

事前予約が
安心だよ!

喫茶 DATA

℡ 非公開

8:00～18:00／不定休

モダンカフェで名物モーニング

紬セット …・1826円

籠の中に和菓子が並ぶセット。カステラ、わらび餅、抹茶のアイス、堂島ロールなどがのる

**和栗と焦がしきな粉の
ほうじ茶モンブラン・・825円**

和の雰囲気を存分にまとったモンブランは、和カフェオリジナル。日本茶とぜひセットで注文を

**芋ようかんの
和三盆ブリュレ………825円**

キャラメリゼした芋ようかんに甘さ控えめの軽い生クリームが付く。スッキリしたお茶と相性抜群

喫
CAFE

TERA《てら》 CAFE《カフェ》 SHIEN《しえん》 -ZOJOJI-《ぞうじょうじ》

@増上寺《ぞうじょうじ》

↓P.100

山門横で極上モンブラン

喫茶 DATA

TEL 090-1504-8002
10:00～17:00（土・日曜、祝日は9:30～17:30）／無休

東京タワーも見える！絶景×スイーツ

東京タワーすぐ、芝公園内にある増上寺の山門横にあるのがこのカフェ。歴史ある山門を目の前に望めるほか、テラスからは東京タワーも一望。古民家風の建物も相まって、絶景の中に入り込んだよ

ココがすごい ☑古民家風和空間 ☑季節限定もアリ！

うな体験ができる。

提供しているメニューはスイーツが中心。特に人気なのがモンブランで、季節限定のフレーバーも登場。公式のSNSで情報を発信しているので、確認してから訪れて。

熊本栗モンブラン…1600円

希少品種を使用したシグネチャー。国産の栗を使用したモンブランは注文を受けてから絞る「生絞り」で。香り高い極上の味を堪能

季節のモンブラン…1600円

季節ごとに栗の産地を変えてモンブランを提供。クリームに工夫を加えるなど、それぞれに違った味が楽しめるので何度でも訪れたい

嬉野茶《うれしのちゃ》……900円

佐賀県西部の一部でしか栽培されておらず、日本茶の生産量の5%という希少さ。釜炒りの香りとさっぱりとした喉越しが特徴

喫

CAFE

atticroom《アティックルーム》 YASUKUNI《やすくに》 GAIEN《がいえん》

@靖《やす》國《くに》神《じん》社《じゃ》

↓P.56

ピクチャーラテ…………720円

靖國神社のロゴや拝殿などを模したラテは好きな柄を選べるほか、写真を持ち込み、描いてもらうことも可能

喫茶 DATA

TEL 03-6910-0490

10:00～17:00／無休

ココがすごい ☑ピクチャーラテ ☑アンティーク空間

外苑参道沿いのアンティーク空間

芸術的すぎる！ラテはマストで注文

靖國神社創立150年を機にオープンした喫茶スペース。九段下から続く参道沿いにあり、春にはテラス席が桜で囲まれた特別空間に。店内席は木の温もりを感じるアンティーク調。異世界に入り込んだような雰囲気を楽しめる。

提供しているメニューは食事系もスイーツ系も充実している。特に注目したいのは、写真を写したようなピクチャーアートが施されたカフェラテ。桜や靖國神社の拝殿などが描かれているほか、オリジナル柄の対応も可能だ。参拝の帰りにぜひ。

抹茶と小豆の
ベイクドチーズケーキ……700円

パティシエが作る和洋折衷のスイーツは季節によって内容を変更。ほかにもパフェなど人気スイーツが充実

名物
メンチカツバーガー……1630円

粗びきの牛肉をたっぷり使ったメンチカツをオリジナルのバンズにサンド！ボリューム満点の人気メニュー

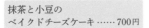

喫
CAFE

神《かみ》谷《や》町《ちょう》オープンテラス
@光《こう》明《みょう》寺《じ》

色がきれいで
気分も上がる

6月 あじさい

鮮やかな色みはあじさいを表現。梅雨の時期らしいスイーツ。寒天のさわやかな風味が◎

喫茶 DATA

4月中旬～10月の水曜11:00～14:00（予約制）／木～火曜、祝日、11～4月中旬、臨時休あり

ココがすごい ☑限定空間 ☑寺のおもてなし

神谷町オープンテラスでおもてなしを受けたら、ご本尊にお礼をして

ご縁で広がるお寺の輪
心のオアシスで癒される

梅の寺として知られ、徳川家光から「梅上山」という山号を贈られた寺。現在は「開かれた寺」として「お寺に来るきっかけになれば」と、喫茶スペースをオープン。決まった料金はないが、ご本尊にお礼をしてから帰りたい。

◆創建：建暦2（1212）年、桜田霞ケ関に真色山常楽寺として創建 ◆本尊：阿弥陀如来 ◆拝観時間：20分（おもてなしは50分）◆「梅の寺」として知られており、家康が光明寺の梅を喜んだ故事に因み、家光から「梅上山」の山号を贈られた

港区 **TEL 非公開**

港区虎ノ門3-25-1／9:00～17:00／境内自由／東京メトロ日比谷線神谷町駅から徒歩1分／法要時／Pなし

一部不可

通年　わらびもち

老若男女に人気のわらびもち。しっかりとした食感ときな粉が絶妙の味を演出

通年　紫芋の寒天

色彩豊かな寒天は、自然の食材のみを使用して発色。寒天らしい噛み応えがいい

喫
CAFE

ぼうず'n《ン》 COFFEE《コーヒー》 @祥雲寺《しょううんじ》

予約制の限定空間で心地よい静寂を

オープン日も限定的！寺を深く知る第一歩

住職家族が営んでいる喫茶スペース。そのためオープン日は不定期。専用サイトからの完全予約制という限定的だからこそ、寺の心を深く知ることができる。公式インスタグラムでオープン日を確認し、予約してから訪れて。

喫茶 DATA

開業日は公式インスタグラムで要確認。公式インスタグラム @ぼうずncoffee

◆天文元（1532）年、大州安充大和尚を招いて和田倉門内にて開山 ◆本尊：薬師如来 ◆拝観時間：20分 ◆ビルの谷間にある朱塗りの山門が目を引く寺院

豊島区 TEL 非公開

豊島区池袋3-1-6／境内自由／東京メトロ各線要町駅から徒歩2分／無休／Pなし

一杯ずつ丁寧に入れる香り高いコーヒーを飲みながら、美しい庭を望む贅沢な時間を過ごして

ココがすごい ☑庭園 ☑朱塗りの山門

喫
CAFE

Cafe 寺's《カフェてらズ》 @一龍院《いちりゅういん》

住宅街に佇む 都会寺院でコーヒー

こだわりコーヒーを本堂内で味わう贅沢

エアブラシを使ったご朱印（→Ｐ．１４８）で知られる寺院の喫茶スペースは、本堂の真横。焙煎にこだわったコーヒーが人気で、ご本尊を拝みながらのブレイクタイムは心落ち着く時間。ご朱印を受ける間に利用するのもいい。

喫茶 DATA

10:00～16:30（土・日曜は9:00～17:00）／月・金曜

◆創建：平成12（2000）年。寺として新しい文化を発信することを目的とした日蓮宗一龍結社の寺院 ◆本尊：釈迦牟尼仏 ◆拝観所要時間：20分 ◆併設のカフェのほかアートなご朱印（→P.148）も話題

調布市 TEL 03-5314-1829

調布市入間町1-38-1／10:00～16:30（土・日曜は9:00～17:00）／境内自由／京王線仙川駅から徒歩15分／月・金曜／Pなし

一部不可

自家焙煎したコーヒーは豆も購入ができる。寺こだわりのコーヒーで心を浄化したい

 ココがすごい ☑ 自家焙煎コーヒー

GO SHU IN

月替わりご朱印

せっかくご朱印をいただくなら限定を！
月替わりで登場する限定ご朱印を
コンプリートするのも素敵。

穏田神社 →P.135

渋谷にある穏田神社では
かわいらしいデザインが続々登場。

1月

2月

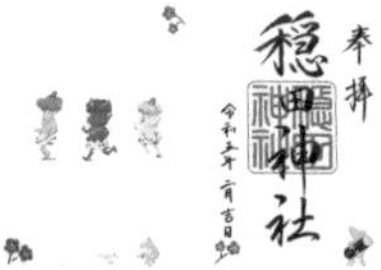

3月

4月

5月

6月

7月

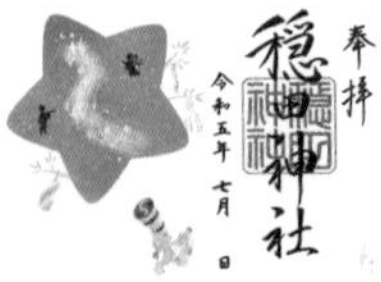

8月

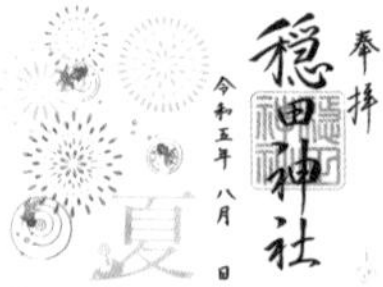

9月

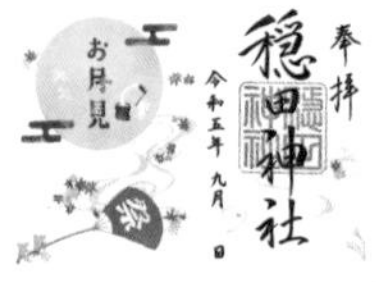

10月

11月

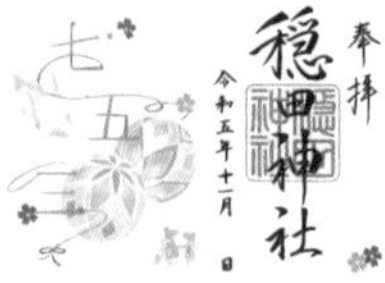

12月

(2022年)

上野東照宮

→P.104

台紙も変わる芸術作品！
植物をテーマにしたご朱印は繊細。

1月

2月

3月

4月

5月

6月

7月

8月

9月

10月

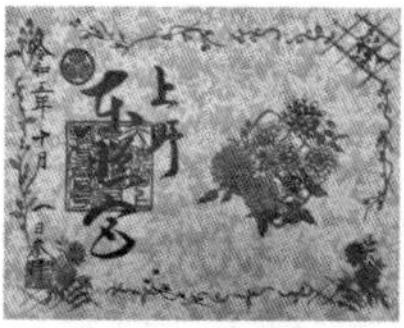

11月 (2022年)

12月 (2022年)

日本人の心「茶道」の世界

仏教とともに大陸から日本に入ってきた茶道は、禅宗とは切っても切れない関係。「茶の湯」から始まった日本のお茶文化とは？

現代社会にも通じる禅の教えと茶道の歴史

日本の「茶の湯」文化は鎌倉時代に臨済宗の僧・栄西が宋（現・中国）から抹茶を日本に持ち帰ったのが始まり。その後、曹洞宗の禅僧・道元により日本中にもたらされた。江戸時代以降は禅の思想をルーツに、精神世界やつながりを重んじる「煎茶道」が庶民にも広まっていく。形式を目的としない煎茶道により日本独自の発展を遂げた茶道は、現在でも煩悩を打ち消し、心を穏やかに保つ習慣作りとして広く親しまれている。

神谷町オープンテラス（→P.204）のある光明寺。季節の菓子を楽しんだあとに法話などを聞けることも

祥雲寺のぼうず'n COFFEE（→P.206）では寺に来るきっかけになれば…との思いで喫茶室を設けている

CHAPTER 6

花&イベント

春
SPRING

寛《かん》永《えい》寺《じ》

→P.96

上野の桜のお花見は寛永寺から始まった

天海大僧正が江戸幕府からこの地を与えられ、寺院を建立。奈良県の吉野から山桜を移植したことに始まる寛永寺の桜。境内である上野の山は「見立て」の思想によって設計され、山は吉野、寺院は清水寺など京都周辺の神社仏閣に見立てて造られたそう。桜が植樹されて以降、江戸一番のお花見スポットに成長。寛永寺の境内が上野恩賜公園へと移り変わった現在も、桜の名所として知られている。数百本の桜は一見の価値あり！

ココがすごい ☑ **上野公園一帯が桜色に染まる**

どこを向いても
桜、桜、桜!

清水観音堂「月の松」から眺めた不忍池辯天堂。日本有数の桜スポットはお花見シーズンになるとさらににぎわいを増す

桜DATA

種類	山桜、ソメイヨシノなど数百本
場所	寛永寺旧境内（上野恩賜公園）
時期	3月中旬〜4月中旬
時間	公園開園時間に準ずる
料金	見学無料

靖《やす》國《くに》神《じん》社《じゃ》

→P.56

東京の春を告げる 桜の名所

桜といったらやっぱり ココはハズせない

桜の名所として知られる神社。内苑を中心に、ソメイヨシノや山桜など、約５００本の桜が境内に植えられていて見応え十分。戦友会などが奉納した桜や、東京管区気象台が指定した東京の桜の標本木もある。

毎年30万人以上の参拝者が訪れる桜のシーズンは「奉納夜桜能」や「奉納芸能」などのイベントも開催。見渡す限りに桜が咲き競う境内を散策しに、季節を合わせてぜひ訪れてみて。

桜DATA

種類：ソメイヨシノ、山桜、寒桜、八重桜など約500本
場所：内苑　時期：3月下旬～4月上旬
時間：6:00～18:00
料金：見学無料

幕末の志士や第二次世界大戦での戦ぼつ者などを祀る。桜は靖國神社を象徴する花だ

ココがすごい ☑ **東京都の桜の標本木**

春
SPRING

法《ほう》明《みょう》寺《じ》

春

雑踏の先にある桜のアーチ

参道の桜並木に気分が上がる！

徳川三代将軍・家光から朱印を受けるなど、代々将軍家から尊崇されてきた法明寺。江戸時代から地元の人にも愛されてきた桜の名所で、ソメイヨシノが並ぶ参道が見事。見頃の季節になると淡いピンクが空に広がり、まるでトンネルのよう。

繁華街のほど近くにありながら静かなことも魅力。桜まつりでは夜遅くまでライトアップして夜桜観賞も。屋台や飲食スペースも登場する、気軽に立ち寄れるスポット。

豊島区 TEL 03-3971-4383

豊島区南池袋3-18-18／9:00～17:00（境内のみ、本堂拝観不可）／都電荒川線鬼子母神前駅から徒歩5分／無休／Pなし

一部不可

桜DATA

種類：ソメイヨシノ
場所：法明寺参道
時期：3月下旬～4月上旬
時間：6:00～18:00　料金：お志
＊桜まつりの期間中はライトアップ（18:00～22:00）を実施

ココがすごい ☑ 参道が桜のトンネル

春
SPRING

上《うえ》野《の》東《とう》照《しょう》宮《ぐう》

→P.104

情緒あるひととき

ぼたんの魅力をた〜っぷり堪能！

ぼたんが織り成す和の癒し空間

徳川家康を祀る上野東照宮。敷地内にある日本庭園はぼたん苑として知られ、毎年春と冬にぼたん祭を開催。原種や海外品種など多くの品種をとり揃え、春は約１１０種５００株の多彩なぼたんが華やかな姿をたっぷりと見せてくれる。庭園は回遊形式になっているので、途中、縁台でゆっくりとぼたんを眺めるのも趣があっておすすめ。なかでも、旧寛永寺五重塔を背景にしたぼたんは、風情たっぷりで写真撮影に最適！

ぼたんDATA

種類：約110種、約500株
場所：ぼたん苑　時期：4月中旬〜5月中旬
時間：9:00〜17:00入苑締切
料金：1000円
＊1月1日〜2月中旬は冬ぼたん40種160株を展示（9:30〜16:30入苑締切）

日本庭園にぼたんがよく映える。秋はダリアなど季節ごとにさまざまな展示を行っている

ココがすごい ☑ 多種多彩なぼたん

春
SPRING

塩《しお》船《ふね》観《かん》音《のん》寺《じ》

東京の奥座敷を
彩るつつじ

見上げるつつじも
見下ろすつつじも見事

花の寺として知られる塩船観音寺。寺院を囲むようにすり鉢状の山の斜面に咲くつつじの群れは圧倒的！ 4月半ば以降、早咲きから遅咲きへと次々に約2万株が咲き誇る。山の外周を散策しながら眺めるつつじもまた絶景。

青梅市

TEL 0428-22-6677

青梅市塩船194／8:00～17:00／西東京バスまたは都営バス塩船観音入口から徒歩10分／200台（無料）＊つつじ祭り期間中は700円/1回

一部不可

春

つつじDATA

種類：約20種、約1万7000株
場所：塩船観音寺山内つつじ園
時期：4月中旬～5月上旬
時間：8:00～17:00
料金：300円（つつじ祭り期間中）
＊開花に合わせてつつじ祭りが行われる

春
SPRING

根《ね》津《づ》神《じん》社《じゃ》

→P.42

千本鳥居と
つつじのコラボ!

「つつじまつり」の期間中
数十万人が訪れる名所

根津神社のつつじは、つつじで有名な館林の藩主だった徳川綱吉が、兄・綱重の下屋敷にキリシマツツジを植えたことに始まる。苑内のつつじは約3000株と圧倒的な存在感で、想像以上の美しさ。朱色の鳥居との共演も華やか！

＼都心のつつじの名所／

つつじまつり期間中は海外からも多くの観光客が訪れる

つつじDATA

種類：約100種、約3000株
場所：つつじ苑　時期：4月中旬
時間：9:30～17:30（最終入苑）
料金：300円
＊「文京つつじまつり」（4月上旬～下旬）に合わせて公開。期間中12:00と14:00からの各20分間、三十六歌仙絵・随身像拝観ができる（拝観券300円）

春

SPRING

明《めい》治《じ》神《じん》宮《ぐう》

→P.48

その道の達人が奉納する春の大祭

日本の伝統芸能のすばらしさに触れる

初詣では例年日本一の参拝者数を誇る明治神宮は、日本を代表する神社の一つ。それゆえに春と秋に行なわれる大祭も盛大で、見どころたっぷり。春の大祭では特設の神前舞台を中心に、昭和天皇の御製からつくられた神楽「浦安の舞」をはじめ、舞楽や能・狂言などの奉納行事が行われる。日本の伝統芸能を極めた一流とされる人々による、奉納行事の舞台は必見。日常ではなかなか味わえない、厳かな空気を肌で感じて。

ココがすごい ☑日本の伝統芸能 ☑奉納行事を間近で

春の大祭DATA

場所：本殿
開催日：5月初旬
(10:00～11:30崇敬者大祭)
料金：お志（見学は無料）

奉祝行事DATA

1日目	舞楽	神前舞台
2日目	能・狂言	神前舞台
	邦楽邦舞	神前舞台
3日目	弓道大会	武道場至誠館 第二弓道場
	郷土芸能	第二鳥居(大鳥居）前 特設舞台
	三曲	神前舞台
	薩摩琵琶	神前舞台

※雨天の場合、場所の変更あり

普段は静かな参道も正月や大祭の際は多くの人でにぎわう。神前舞台は必見だが、時間や場所により催しが異なるので事前に確認を

春
SPRING

神《かん》田《だ》神《じん》社《じゃ》（神田明神）

→P.20

神田祭に江戸っ子の血が騒ぐ

神輿宮入が最高潮！朝から晩まで続々到着

「江戸三大祭り」「日本三大祭り」にも数えられる神田神社の例大祭。例年30万人もの見物客が訪れる2年に一度の本祭りは、規模も大きく華やか。見どころは、3基の鳳輦《ほうれん》神輿《みこし》と平安時代の装束で約500人が練り歩く「神幸祭」、200以上の神輿が神田神社に向かう「神輿宮入」。神輿宮入は当日朝早くから夕方まで、各氏子町会の神輿が次々と宮入して祭りの最高潮を迎える。神輿の担ぎ手と見物客で、下町の熱気がスゴイ！

神田祭DATA

場所：神田明神とその周辺
開催日：5月中旬（隔年）
料金：見学無料
＊神幸祭は期間中の土曜、神輿宮入は日曜に行われる

春

SPRING

大《おお》國《くに》魂《たま》神《じん》社《じゃ》

→P.52

大太鼓や提灯に導かれ神輿が暗闇を練り歩く

大國魂神社といえば、「くらやみ祭」。尊い神が人々の目に触れないよう夜中に行っていた神輿渡御に由来する。見どころは5月5日の神輿渡御で、重さ1トン以上の神輿が8基登場。大太鼓が鳴り響くなかを熱く勇壮に練り歩く。

＼神事の伝統を今に受け継ぐ／

祭りは都指定無形民俗文化財。夜の神輿にテンションもMAX

夜の神輿が山場！くらやみ祭

くらやみ祭DATA

場所：大國魂神社
開催日：4月30日～5月6日午前（一般観覧できる行事は5月3日～） 料金：お志
＊神輿渡御は5月5日18:00～21:00頃

春

SPRING

浅《あさ》草《くさ》神《じん》社《じゃ》

→P.78

約1トンの本社神輿3基と町内神輿が約100基！

「三社様」の名でも知られる浅草神社。その神社の例大祭が鎌倉時代の船祭に端を発する三社祭り。人々でごったがえす町内に、神輿の担ぎ手たちの「そいや！ そいや！」と威勢のいい掛け声が響き渡る。神輿巡業がとにかく豪快！

三社祭りに下町が興奮のるつぼ！

三社祭りDATA

場所：浅草神社とその周辺
開催日：5月第3土曜日を基点とした金～日曜 料金：見学無料
＊神輿巡業は祭りの2日目と3日目に行われる

夏
SUMMER

池上養《よう》源《げん》寺《じ》

ひみつの小径
あじさいロード

ブルーのあじさいをメインにピンクや紫のあじさいがちらほら。雨の日でも楽しめる散策コース

期間限定で開放される あじさいの石段

境内や裏山にたくさんのあじさいが咲き「あじさい寺」と親しまれている養源寺。境内は山門から本堂、奥の裏山まで散策でき、特に裏山へと続く石階段は美しい。この石段は通称「あじさいロード」と呼ばれ、青や紫のあじさいが階段の左右に咲く。高台からは街の景色を一望できる。シーズン中は「あじさい祭り」が開催されている。

あじさい以外も四季折々の花が楽しめるので、季節を変えて何度でも訪れたい。

大田区 TEL 03-3751-0251

大田区池上1-31-1／9:00～17:00／東急池上線池上駅から徒歩10分／無休／Pなし

一部不可

あじさいDATA

種類	紫陽花
場所	養源寺境内、あじさいロード
時期	6月上旬～下旬
時間	9:00～17:00
料金	お志

ココがすごい ☑あじさい寺 ☑あじさいロード

夏
SUMMER

不忍池《しのばずのいけ》辯《べん》天《てん》堂《どう》

清らかなハスの数々は まるで現世の極楽浄土

音楽と芸能、そして金運UPのご利益で知られる不忍池辯天堂。周囲に広がる不忍池は夏の一時期、朝の短時間だけ花を咲かせるハスで有名。近くにはハス池テラスと呼ばれるデッキが。美しいハスの花を間近で観察できる。

台東区

TEL 03-3821-4638

台東区上野公園2-1／7:00～17:00／JR上野駅から徒歩5分／無休／Pなし

一部不可

絶景のハスは 早起きのごほうび

ハスDATA

種類：ハス　場所：不忍池
時期：7月下旬～8月上旬
時間：7:00～17:00　料金：見学無料
＊ハスの花は午前中に咲いて午後にしぼむ

夏

夏
SUMMER

金《こん》剛《ごう》寺《じ》（高幡不動）

→P.152

世界各地のあじさいが 山内に咲き誇る

関東三大不動の一つ、高幡不動。貴重な文化財など見どころも多いが、境内から山にかけて咲き乱れる無数のあじさいが見事。山あじさいから、がくあじさいへと1カ月以上見頃が続く。散策路も整備されていて歩きやすい。

＼土方歳三の菩提寺／

新選組副長・土方歳三ファンも全国から多く訪れる寺

梅雨でも楽しい あじさい散歩

あじさいDATA

種類：約250種、約7800株
場所：金剛寺（高幡不動）境内
時期：山あじさい5月下旬～6月中旬、あじさい・がくあじさい6月中旬～7月初旬
時間：境内自由　料金：見学無料
＊6月1日～7月初旬はあじさいまつりを開催

夏
SUMMER

永田町
日《ひ》枝《え》神《じん》社《じゃ》

→P.32

山王祭の神幸行列はネオ王朝絵巻

2年に一度行われる神幸祭が圧巻

江戸三大祭りにとどまらず、京都の祇園祭、大阪の天神祭とともに日本三大祭りに数えられるという日枝神社の山王祭。祭りは偶数年の本祭に行われる神幸祭が一番の見どころ。神輿や山車、王朝時代の装束を着た総勢５００名の華麗な祭礼行列が都心を練り歩く。その列は３００メートルにも及ぶ。江戸時代、祭列が江戸城内に入ることを許され、徳川の歴代将軍が上覧拝礼する「天下祭」であったというから、その豪華さに納得。

ココがすごい ☑ **華やかな神幸行列**

山王祭DATA

場所：日枝神社とその周辺
開催日：2024年は6月7日〜17日
（稚児行列6月9日、
山王嘉祥祭6月16日など）　料金：見学無料
＊2年に一度、偶数年に行われる本祭の神幸祭が有名

奉祝行事DATA

6月8〜16日	狭山茶茶席	境内
	嘉祥祭菓子接待席	境内
6月9日	神楽囃子	神楽殿
6月13〜15日	山王音頭と民踊大会	山王パークタワー公開空地
6月14〜15日	神楽囃子	神楽殿
6月15日	山王太鼓	境内

※上記は一例。年によってさまざまな行事が催される。

夏

特徴的な山王鳥居のある神社。山王祭開催期間中は境内に提灯がずらりと並ぶ

靖《やす》國《くに》神《じん》社《じゃ》

→P.56

みたまを慰め 平和を願う みたままつり

献灯の灯りが幻想的な夏の風物詩

終戦直後の昭和二二（一九四七）年に始まった靖國神社の「みたままつり」。期間中、境内に全国から奉納された多数の献灯を掲げて戦ぼつ者のみたまを慰める。献灯は夕方から灯りがともされて風情たっぷりで、毎年多くの人が訪れる夏の風物詩となっている。ご祭神ゆかりの史資料や宝物を集めた遊就館も時間を延長して開館。数多の提灯でライトアップされている幻想的な境内で、夕涼みしながら散策を楽しんで。

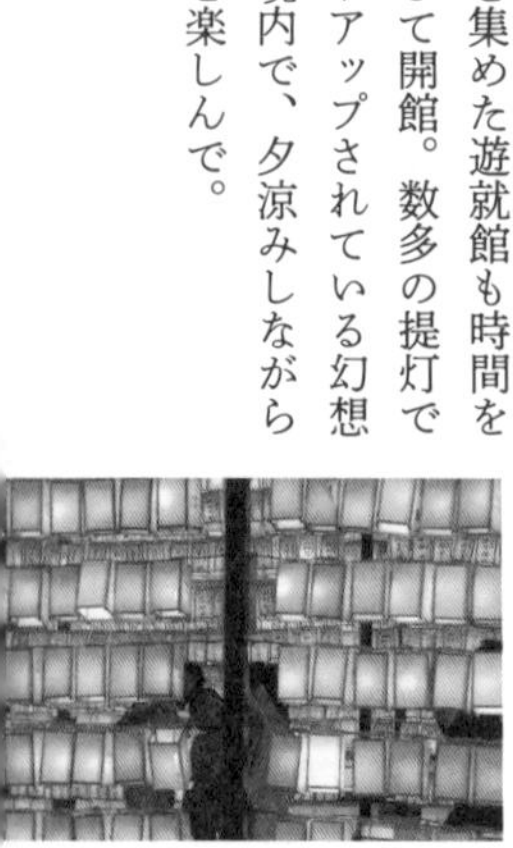

全国から奉納された提灯が夜空を黄色に染める。思いをのせた雪洞（ぼんぼり）は内苑に

みたままつりDATA

場所：内苑・外苑
開催日：7月13～16日
時間：6:00～21:30
料金：見学無料（一部有料）
＊提灯の点灯は夕刻から。期間中はさまざまな奉納行事がある

ココがすごい ☑暗闇に浮かぶ献灯 ☑幻想空間

夏
SUMMER

鳥《とり》越《こえ》神《じん》社《じゃ》

千貫神輿に灯がともる鳥越の夜祭りは必見

巨大神輿が有名な鳥越祭。千貫神輿と呼ばれるその重さは都内随一！ 満を持して祭り最終日に登場し、氏子たちが各町を担ぎ歩く。最大の見せ場は夕方以降の宮入道中。提灯に灯がともされた千貫神輿は荘厳な雰囲気だ。

千貫神輿は
必見だよ！

鳥越祭は千貫神輿が圧巻

台東区

TEL 03-3851-5033

台東区鳥越2-4-1／9:00～17:00／都営浅草線蔵前駅から徒歩5分／無休／Pなし

一部不可

鳥越祭DATA

場所：鳥越神社
開催日：6月上旬～中旬の3日間
料金：見学無料
＊千貫神輿渡御は最終日6:30宮出、21:00宮入。夜祭は最終日19:00～開催

夏

夏
SUMMER

富《とみ》岡《おか》八《はち》幡《まん》宮《ぐう》

→P.38

清めの水が飛び散る水かけまつり

深川八幡祭りは江戸三大祭りの一つ。最大の特徴は豪快な水かけで、もとは神輿の担ぎ手へのお清めとして始まったそう。水をかける本祭りは3年に一度。バケツやホース、消火栓からの放水もあり、なかなかダイナミック！

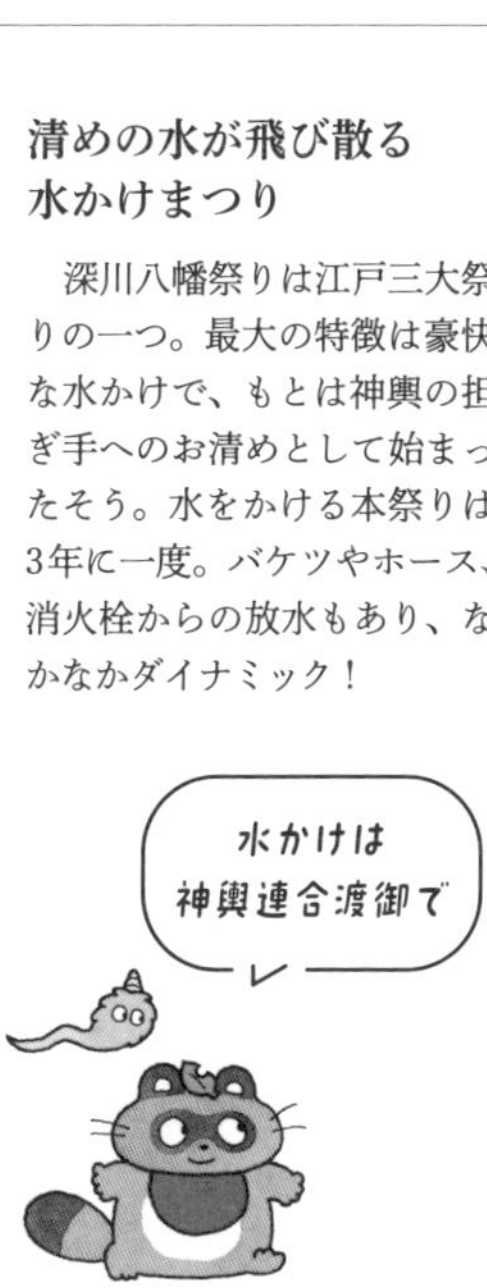
水かけは
神輿連合渡御で

深川八幡祭りはずぶ濡れが定番！

深川八幡祭りDATA

場所：富岡八幡宮および周辺
開催日：8月15日前後
料金：見学無料

夏
SUMMER

東《とう》京《きょう》大《だい》神《じん》宮《ぐう》

→P.58

縁結びの神社で七夕祈願★

祈願祭に申し込む派？短冊に願いを書く派？

恋愛・縁結びにご利益があると言われる東京大神宮。7月7日の「七夕祈願祭」では神職が申込者の心願成就を祈願。境内に用意された短冊300円に願い事を書いて奉納することもできる。夜間のライトアップが幻想的。

＼期間限定ライトアップ／

笹のライトアップに七夕の風情が感じられる

七夕祈願祭DATA

場所：東京大神宮　開催日：7月7日
時間：祈願祭の受付は6月1日～7月7日、9:00～17:00　料金：見学無料。祈願祭初穂料は2500～5000円（申込者には特別奉製の七夕守と記念品を授与）
＊7月1～7日は21:00までライトアップ実施

夏
SUMMER

浅《せん》草《そう》寺《じ》

→P.66

四万六千日に詣でて一生分の功徳を

感謝を込めてお参りし神仏からの恵みを得る

この日にお参りすると一生分の功徳が得られるという「四万六千日」。浅草寺の本尊・観世音菩薩の功徳日で、毎月の功徳日のなかでも7月10日が最強！ 同時にほおずき市も立ち、境内には約100軒の露店が。夜遅くまでにぎやか。

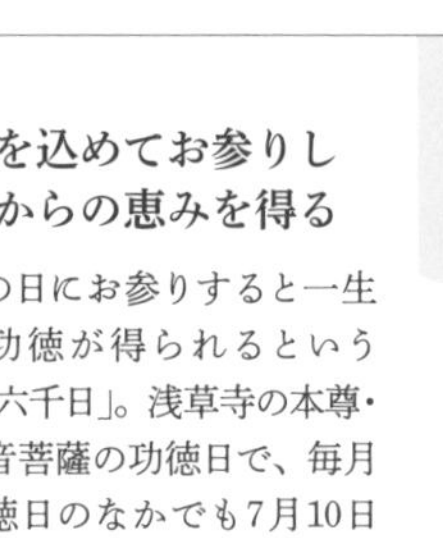

四万六千日（ほおずき市）DATA

場所：浅草寺境内　開催日：7月9・10日
時間：8:00～21:00頃　料金：見学無料
＊四万六千日の縁日にともなってほおずき市も開催

夏
SUMMER

田《た》無《なし》神《じん》社《じゃ》

→P.178

柔和なてるてる坊主の硬派な願いとは…？

五行思想に基づいて五龍神を祀る田無神社。龍神様の色にちなんだ黄色やピンクなどのカラフルなてるてる短冊が、夏のひととき境内を彩る。台風や豪雨などの災害なく、農作物が順調に成長することを祈願しているそう。

＼どの色にする？／

カラフルなてるてる坊主の短冊に願い事を書き込もう

SNSでも話題の七夕てるてるトンネル

七夕てるてるトンネルDATA

場所：田無神社境内　開催日：6月中旬～7月中旬
時間：9:00～17:00　料金：見学無料
＊七夕てるてる短冊初穂料300円

夏
SUMMER

築《つき》地《じ》本《ほん》願《がん》寺《じ》

→P.174

築地の名店も集合！「おいしい」盆踊り大会

開かれた寺を目指す築地本願寺の夏の風物詩。「日本一おいしいエコな盆踊り大会」と銘打っており屋台に築地場外市場の名店がずらり。勇壮な太鼓の櫓を幾重にも囲んで踊る。踊りもグルメも満足できる納涼盆踊り大会だ。

＼屋台はリユース食器使用／

都内有数規模の盆踊り大会。寺院前に組まれた櫓がカッコイイ

納涼盆踊り大会は踊っても食べても！

納涼盆踊り大会DATA

場所：築地本願寺境内　開催日：7月末～8月初旬
時間：19:00～21:00　料金：入場無料
＊祭開催日は年によって異なるので公式HPなどで事前に確認を

秋
AUTUMN

赤坂 氷《ひ》川《かわ》神《じん》社《じゃ》

→P.24

赤坂の街の変遷を見守る大銀杏

威厳たっぷり！ 樹齢400年超え

都内有数の繁華街にありながら、豊かな緑に包まれた神社。樹齢400年を超える大銀杏は社殿正面、一の鳥居をくぐった境内の右手にある。この大銀杏は神社が現在地に遷座した享保十五（一七三〇）年よりも前から、この地ではぐくまれていたそう。幹の裏側の大きな空洞は東京大空襲の戦火を乗り越えてきた証し。幹回り7・5メートル、途中二股に分かれた姿は大迫力だ！ 秋には輝くような黄葉で境内を美しく飾る。

銀杏DATA

種類：銀杏　場所：赤坂氷川神社境内
時期：11月中旬～下旬
時間：境内自由　料金：見学無料
※推定樹齢400年、港区の天然記念物（区で2番目の巨樹）

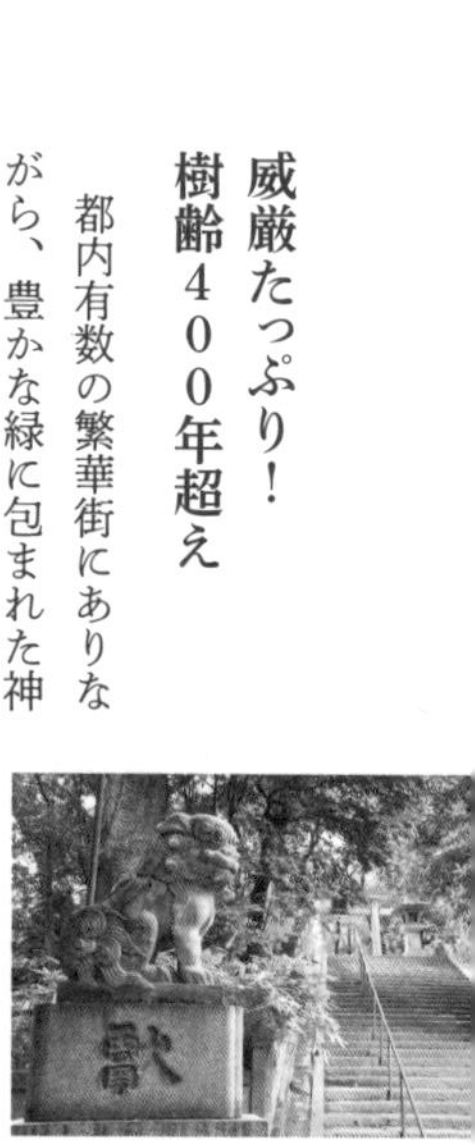

遷座前のこの地には忠臣蔵で知られる浅野内匠頭の妻・瑶泉院の実家があったそう

ココがすごい ☑ **歴史を感じる大銀杏**

秋
AUTUMN

王《おう》子《じ》神《じん》社《じゃ》

→P.45

大銀杏は神社のランドマーク

度々の戦火を逃れ王子を見守る大銀杏

春日局が竹千代（徳川家光）の将軍職を祈願して叶ったことから「子育大願」でも知られる王子神社。境内にすっくと立つ大銀杏は樹齢６００年ほどで、都の天然記念物。戦火で境内のほとんどが焼け落ちるなかを生き延び、王子の街を見守ってきた。平成二三（二〇一一）年の時点で幹回り5・2メートル、高さ24・2メートル。見上げた姿も壮観で、輝くような黄葉を見せる秋の大銀杏は感動モノだ。

銀杏DATA

種類：銀杏
場所：王子神社境内
時期：11月中旬～下旬
時間：境内自由
料金：見学無料

王子大神を勧請した鎌倉時代、大銀杏はその頃に植えられたと考えられている

秋

ココがすごい ☑ 樹齢600年ほどの大銀杏

秋 AUTUMN

飛《とび》木《き》稲荷《いなり》神《じん》社《じゃ》

→P.139

墨田区最古の
身代わり焼け銀杏

ご神木に狐が隠れる!?
焼け銀杏をじっと観察

神社創建に銀杏にまつわる逸話のある飛木稲荷。ご神木である銀杏の樹齢は500〜600年で、黒い木肌は被災の跡。空襲で焼けながら多くの人々を救ったそう。ご神木には、お狐様が隠れているとか。手水舎から眺めてみて！

墨田区で
一番の大きさ

大銀杏DATA

種類：銀杏
場所：飛木稲荷神社境内
時期：11月下旬〜12月中旬
時間：境内自由　料金：見学無料

秋 AUTUMN

雑《ぞう》司《し》ヶ《が》谷《や》鬼《き》子《し》母《も》神《じん》堂《どう》

子授けのウワサも
大きい大銀杏

立ち姿に見惚れる
鬼子母神堂のシンボル

安産・子育ての神様を祀る鬼子母神堂。ご神木の大公孫樹にも子授け伝説があるが、保護の柵で囲まれている現在は離れて見つめるのみ。空にすっと伸びる銀杏の高さは約33m。幹回りも約11mと都内有数の大きさを誇る。

樹齢約700年
の古木

豊島区

TEL 03-3982-8347

豊島区雑司が谷3-15-20／9:00〜17:00／都電荒川線鬼子母神前駅から徒歩5分／無休／Pなし

一部不可

大公孫樹DATA

種類：銀杏　場所：雑司ヶ谷鬼子母神堂境内
時期：11月中旬〜下旬
時間：9:00〜17:00　料金：見学無料

秋
AUTUMN

九品仏 浄《じょう》真《しん》寺《じ》

秋

心落ち着く空間

絵画のような紅葉にほーッとため息

美しい紅葉に出合える「極楽浄土」へ

釈迦如来をご本尊とし、3つのお堂に3体ずつの阿弥陀仏を祀る浄真寺。寺全体が極楽浄土の様相に形どられているというだけあって、心落ち着く空間が広がっている。約3万6000坪の広い境内には古木が多く、樹齢300年ほどの銀杏や樹齢700年を超えるカヤの木も。どの季節も散策が楽しめるが、特におすすめはやっぱり秋！　秋の深まりとともに木々がきれいに色付いて、見事な景観に。都内の隠れた紅葉スポットだ。

世田谷区

TEL 03-3701-2029（9:00～16:00）

世田谷区奥沢7-41-3／6:00～16:30／東急大井町線九品仏駅から徒歩4分／無休／40台（寺務所で発行する駐車許可証が必要）

一部不可

紅葉DATA

- **種類**：モミジ、銀杏など
- **場所**：九品仏浄真寺境内
- **時期**：11月中旬～12月上旬
- **時間**：6:00～16:30
- **料金**：見学無料

ココがすごい ☑ **総門からのモミジのトンネル**

秋
AUTUMN

芝《しば》大《だい》神《じん》宮《ぐう》

→P.28

開催は11日間！
ゆるりとした空気が漂う

関東のお伊勢様として親しまれる芝大神宮。「だらだら祭り」の名前の由来は、全国から参詣者が集まるため、祭り期間が伸びていったなど諸説あり。境内では昔、周辺に生姜畑があった縁で生姜が売られ、別名「生姜まつり」とも。

伊勢神宮の
祭神を祀る

だらだら祭りは
ロングラン祭

だらだら祭りDATA

場所：芝大神宮境内
開催日：9月11～21日　料金：見学無料

秋
AUTUMN

池《いけ》上《がみ》本《ほん》門《もん》寺《じ》

→P.113

全国から
参拝者が訪れる

日蓮聖人をしのぶ
盛大な法要

日蓮聖人ご入滅の霊跡であるこの寺院は、全国各地で行われる御会式の中でも規模が最大と言われる。10月12日の万灯《まんどう》練《ねり》供養では100基以上の万灯が纏《まとい》や団扇太鼓に先導されて練り歩き、壮観。にぎわいが深夜まで続く。

万灯行列に
息をのむ

御会式DATA

場所：池上本門寺境内　開催日：10月11～13日
時間：日により異なる　料金：見学無料
＊万灯練供養（万灯行列）は12日夜に行われる

秋
AUTUMN

湯《ゆ》島《しま》天《てん》満《まん》宮《ぐう》（湯島天神）

→P.84

丹精込めて育てた菊が所せましと飾られる

湯島天神とも呼ばれ親しまれている湯島天満宮。「菊まつり」は、1株から多数の花を咲かせた千輪咲、崖から垂れ下がるような形に仕立てた懸崖など、約2000株の菊の花が境内を彩る。菊を衣装に仕立てた菊人形も展示する。

＼菊の花が大変身／

仕立てによって趣が異なり、菊の奥深さを感じる

菊人形もある風流な菊まつり

菊まつりDATA

場所：湯島天神境内　開催日：11月1〜22日
時間：6：00〜日没　料金：見学無料

秋
AUTUMN

鷲《おおとり》神《じん》社《じゃ》

新年の福の神を熊手でかき込む！

「おとりさま」と親しまれている鷲神社。「酉の市」は一の酉、二の酉…と11月の酉の日に行われる例祭で、縁起物の熊手を売る店が多数出店。店ごとに個性があるので、お気に入りを見つけて。初購入なら小さめを選ぶのが正解！

気分はすでに師走の酉の市

酉の市DATA

場所：鷲神社境内　開催日：11月の酉の日
時間：24時間　料金：見学無料

台東区

TEL 03-3876-1515

台東区千束3-18-7／境内自由（社務所・授与所は9:00〜17:00）／東京メトロ日比谷線入谷駅から徒歩7分／無休／Pなし

一部不可

冬 WINTER

北《きた》野《の》神《じん》社《じゃ》（牛天神）

→P.91

梅のアーチが参拝者をお出迎え

神社へと誘う 紅梅のアーチに感動

菅原道真を祀る北野神社。「牛天神」として親しまれ、境内には道真が好んだ梅の木がたくさんある。その九割が紅梅で、早咲きの冬至梅から遅咲きの寒紅梅までいろいろな種類が楽しめる。紅梅まつりの期間中は、ご朱印やお守りなどを受けると、神社オリジナルの梅酒や、しょうが湯の進呈を受けられる。また献梅祭では200本限定で希望者に梅の小枝が授与されるほか、境内で和太鼓などのイベントも開催される。

梅DATA

種類：冬至梅、桃梅、しだれ梅、寒紅梅など　場所：北野神社境内　日時：1月上旬～3月上旬　料金：見学無料
＊紅梅まつりは2月1～25日。献梅祭では1日限りの「福をよぶはだ守り」を社務所で受けられる

境内には梅のほかに天神様のお使いの牛も。願いが叶うよう「ねがい牛」をなでてみよう

ココがすごい ☑紅梅 ☑限定のオリジナル梅酒

冬
WINTER

亀《かめ》戸《いど》天《てん》神《じん》社《しゃ》

→P.36

梅の香り漂う境内で深呼吸してリラックス

梅の名所としても知られる神社。境内に紅梅白梅約300本の梅が植えられ、見頃の季節には梅まつりが開催されてひときわにぎやかに。2月上旬の早い時期には黄色いロウバイも楽しめる。東京スカイツリー®が見えるスポットも。

梅×ランドマークのお得感！

＼優しい香りも感じて／

梅まつり期間中はイベントや露店が出店、甘酒の振る舞いも！

梅DATA

種類：白加賀、呉服枝垂、ロウバイなど
約300本以上
場所：亀戸天神社　時期：2月中旬～3月上旬
時間：境内自由　料金：お志
＊梅の時期に合わせて梅まつりが行われる

冬

冬
WINTER

谷《や》保《ぼ》天《てん》満《まん》宮《ぐう》

雑踏を離れた梅林での～んびり梅のお花見

東日本最古の天満宮で千年以上の歴史を誇る。境内の一部に早咲きから遅咲きまで約350本の梅林がゆったりと広がる。ほんのりと梅の香り漂う林のなかの散策は、気分最高。晴れた日は東屋から遠くに富士山も見える。

＼のどかな雰囲気にほっこり／

交通安全祈願発祥の地でもある。梅まつりではイベントも開催

梅DATA

種類：紅梅白梅 約350本
場所：境内梅林　時期：1月中旬～3月下旬
時間：10:00～15:00　料金：見学無料
＊2月下旬～3月上旬に梅まつりを開催

国立市　TEL 042-576-5123

国立市谷保5209／9:00～16:50（授与所）／JR南武線谷保駅から徒歩3分／無休／Pなし

一部不可

冬
WINTER

高《たか》尾《お》山《さん》薬《やく》王《おう》院《いん》

→P.114

火が残る熱い地面を山伏が果敢に歩く

都心から気軽に行ける人気の登山スポット・高尾山にある薬王院。真言宗智山派の大本山で、毎年3月の第2日曜に「火渡り祭」が行われる。無病息災や交通安全などを願い、修験者が浄火によって災厄を祓う御護摩修行は壮大で、燃え盛る巨大な炎や勇壮な修験者の姿には目を奪われるはず。クライマックスの火渡りは、修験者だけでなく一般の希望者も参加できる。身の災厄のお祓いに、浄火の上を歩いてみては？

ココがすごい ☑山伏の火渡り

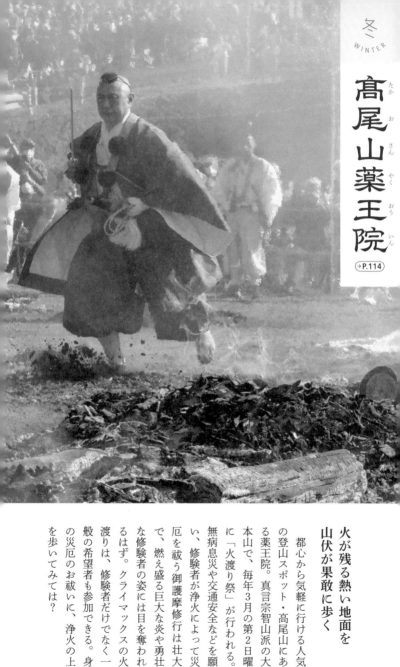

山伏のスゴさがダダ漏れ！火渡り祭

冬

天狗信仰の霊山でもある。火渡りは一般客が渡るときには地面が温かく感じる程度とも言われるが、やけどには注意

火渡り祭DATA

場所：高尾山薬王院 自動車祈祷殿広場
開催日：3月第2日曜　時間：13:00～
料金：見学無料
＊渡火希望者は整理券が必要

冬
WINTER

源《げん》覚《かく》寺《じ》

こんにゃくが脚光を浴びる閻魔例大祭

配布されるこんにゃく（数量限定）は閻魔とのご縁つなぎ。ご開帳で閻魔の右目をよ～く見て

参拝者にはこんにゃくを配布

閻魔様の右目には慈悲深い理由があった

閻魔例大祭は「こんにゃくえんま」で知られる源覚寺の祭り。毎年1月15・16日と7月15・16日に行われ、閻魔のご開帳が行われる。1月の大祭は山伏による火渡りがあり、都会に居ながらにして貴重な体験が可能。

こんにゃくえんまと呼ばれる所以は、昔、目を患った老婆が閻魔に祈願し、治癒したお礼に好物のこんにゃくを断って供え続けたからだそう。そのため現在でも眼病治癒に信仰を集めている。

閻魔例大祭DATA

場所：源覚寺境内
開催日：1月15・16日、7月15・16日
時間：7:00～17:00
料金：見学無料
＊1月の例大祭では山伏による火渡りが行われる

文京区

TEL 03-3811-4482

文京区小石川2-23-14／7:00～17:00／東京メトロ各線後楽園駅から徒歩3分／無休／10台（無料）

一部不可

ココがすごい ☑都会で行われる火渡り ☑こんにゃくえんま

冬
WINTER

神《かん》田《だ》神《じん》社《じゃ》（神田明神）

→P.20

年男・年女が主役！ 節分祭の豆まき式

赤鬼・青鬼、大黒様、恵比寿様…と続く練り行列で始まる神田神社の節分祭。邪気を払う鳴弦の儀のあとに行われる豆まきには、氏子総代や年男、年女が登場。境内は豆を拾う人で混雑するので、豆拾いには覚悟して参加して。

＼豆まきは「鳴弦の儀」のあと／

鳴弦の儀。鬼門・裏鬼門に矢を放つ仕草で邪気を払う

節分祭は やっぱり豆まき！

節分祭DATA

場所：神田神社境内　開催日：2月3日
時間：14:30～　料金：見学無料

冬
WINTER

深《じん》大《だい》寺《じ》

→P.156

目入れ文字は阿吽の「阿」 始まりを意味する

日本三大だるま市の一つに数えられる、深大寺の「だるま市」。寺の最大行事で、厄除元三大師大祭にあわせて開かれ、多くのだるま店がひしめく。買い求めただるまは、左目に僧侶が直に梵字を書き入れてくれるのが特徴。

＼大小300の露店が出るよ／

翌年のだるま市で「吽」の文字を入れてもらい、寺に納める

僧侶に梵字で
目入れしてもらえる

だるま市祭DATA

場所：深大寺境内　開催日：3月3・4日
時間：9:00～17:00　料金：見学無料
＊14時には伝統儀式の百味供養とお練り行列が行われる

たくさんの
だるまから
一つ選ぼう！

JU YO HI N

授与品コレクション

お守りやおみくじ以外にも、
ご利益を受けられるアイテムが満載！
かわいいものもいっぱい。

色でご利益も違う！「風水招き猫」何色のネコちゃんにする？

白は幸せ、ピンクは縁結びなど、色によって意味が異なる招き猫。各500円

鳩森八幡神社

→P.136

神様のごカゴを呼ぶ縁起物「福犬」

籠（かご）を被った福犬は水天宮を代表する縁起物。持っていると福が寄ってくるとか。大2000円、小1500円

水天宮

→P.132

うさぎが願いを叶える！「おねがい兎守」

うさぎのモチーフが付いた短冊に願いを描いて、真っ白な袋に入れておくと願いがかなう？1500円

神田神社（神田明神）

→P.20

王子稲荷神社

→P.86

歌舞伎がモチーフ！「暫（しばら）く狐」は必見

九代目市川團十郎が歌舞伎の演目『暫く』の祈願に訪れ、大当たりしたことが由縁の縁起物。850円

塩船観音寺

→P.217

創建した尼にちなんだキュートな「ストラップ守り」

八百比丘尼（やおびくに）という尼によって創建されたことにちなんで誕生したマスコットのお守り。500円

ご朱印集めを楽しく！「御朱印帳バンド」で気分をUP

神職が手作りするご朱印帳をとめるためのバンド。カラーも豊富に揃っている。各300円

太子堂八幡神社

→P.144

北野神社（牛天神）

お清めにも料理にも「黄金塩」で開運！

ウコン入りの塩は黄金に輝いているかのよう。食べれば体の中から運が向く？ 800円

→P.91

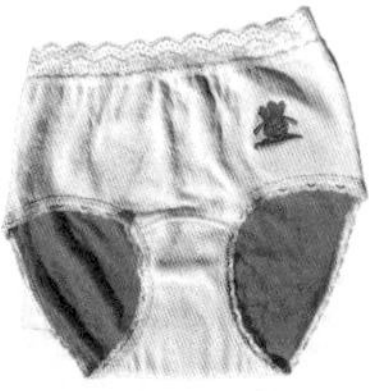

閻魔様が守ってくれる？「えんまパンツ」

源覚寺

睨みをきかせた閻魔がワンポイント。3色展開で、ボクサータイプもある。1800円

→P.240

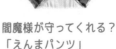

江戸時代までは一緒だった？

困ったときに唱える「神様仏様…」にはワケがあった。
時代に翻弄される神と仏への信仰心…揺れる理由はココにある。

1

2

1 かつては同じ境内にあった浅草神社（右）と浅草寺（左） 2 神仏習合の名残である「山王鳥居」があるのは、永田町 日枝神社

神様と仏様…私たち日本人は両方に心を寄せる

「国生み神話」にあるように、古くは神教（神）を信仰していたとされる。六世紀半ば頃に大陸から仏教（仏）が伝来し200年ほどかけて広まる。奈良時代には神社の境内に寺院（神宮寺）などが造られるようになり、神と仏の融合を前提とした「本地《ほんじ》垂迹説《すいじゃくせつ》」が成立。これは神を仏の仮の姿と考える説。日本人は明治になるまで、神と仏を隔てることなく信仰してたという。

時代は進み、明治新政府により、神と仏を分けて祀る「神仏分離令」が出される。そして現在のように、神と仏を分けて祀るようになっていったのだ。

永田町 日枝神社 →P.32　浅草神社 →P.78　浅草寺 →P.66

巻末特集

社寺体験

社寺体験

**社寺には楽しいことがてんこ盛り。
お参りだけではもったいない！ 特別体験を。**

食べる
精進料理

**地域に開かれた尼寺で
生きる指針を知る**

三《さん》光《こう》院《いん》

女性教育に熱心だった西野奈良江が、山岡家から土地を譲り受け尼寺として開基。現在も教室や講演会を定期的に実施。擬き料理や保存食を使用しない精進料理はできたてを一皿ずつ提供。

精進料理DATA 日時 火～日曜の12時～（第3水曜、第4金曜は休み） 料金 5800円（一汁七菜、三光院流特別茶） 予約 3カ月前～前日までに要予約 内容 姫宮や公家出身の尼僧により600年以上継承された続けた料理。一汁五菜3500円、一汁六菜4600円も

◆創建：昭和9（1934）年 ◆本尊：釈迦牟尼仏 ◆拝観所要時間：20分

小金井市 TEL 042-381-1116

小金井市本町3-1-36／11:00～15:00／境内自由／JR中央線武蔵小金井駅から徒歩15分／無休／3台

**食材を感じながら食す
一食のありがたみ**

精進料理は仏教の教えに基づいた、肉類や魚類を使用しないで作る植物性の食事のこと。特別なものは使用せず、季節ごとに入手できる食材を使用し、食材本来の味を食すことで、食材の本質を知ることができるのだという。

1 お煮しめはどの季節にも出される三光院を代表する一皿　2 前和尚の名前が付いた燻製豆腐の「香栄とう富」　3 柚子が香る西京味噌を使った茄子の田楽「木枯らし」 4 食事のシメはご飯と香の物、ほうじ茶で。写真は「大黒のおばん」（2023年10月のメニューより）

泊まる

宿坊

一泊するからこそわかる寺の魅力を再発見

遠くからの参拝者を宿泊させたり、僧侶などが泊まるために発展した「宿坊」。江戸時代に、講の流行（→P.6）によりさらに発展。現在でも宿泊者を受け入れをしている宿坊は全国に点在。

東京で宿坊に泊まりたいなら、武蔵御嶽神社の宿坊がおすすめ。宿坊宿泊者限定で行う朝のお勤めもあるので、参加してみて。宿によっては弁当の購入も可能。

関東一円を見渡す
天空の神社

武《む》蔵《さし》御《み》嶽《たけ》神《じん》社《じゃ》

→P.118

古くから霊山として信仰されてきた標高929mの御岳山山中に境内がある神社。日本武尊を祀り、関東平野を見守り続けている。境内からは都会の絶景も楽しめる。

おすすめ宿坊②選

御《み》岳《たけ》山《さん》荘《そう》

江戸時代から続く宿坊。宿の自慢は家庭の味を堪能できる食事。非日常空間でホッとできる。

TEL 0428-78-8474
青梅市御岳山123／IN15:00 OUT10:00／1泊2食付き1万3500円～／要予約

御岳山《みたけさん》 天空《てんくう》の宿坊《しゅくぼう》 能《の》保《ぼ》利《り》

150年以上続く宿坊で、古き良き時代の豊かさを大切にしている。大自然を感じに訪れて。

TEL 0428-78-8443
青梅市御岳山95／IN15:00 OUT10:00／1泊2食付き1万3200円～／要予約

坐る

坐禅

自分の内面と向き合う心穏やかな時間…

姿勢を正して坐った状態で精神統一を行う、禅宗の修行のひとつ。一般参拝者向けに坐禅体験を開催する寺も増えており、「心を養うお稽古」として定期的に通う人も多い。

坐禅の基本姿勢は、右足を左の腿《もも》の上にのせる半跏《はんか》趺坐《ふざ》。この姿勢をとるのが難しい場合は、あぐらでも。手のひらを上に向けて足の上に置き、心を静める。頭が前後左右に傾かないように顎を引くのがポイント。

2つの茶室を備える松平家の菩提寺

香《こう》林《りん》院《いん》

4つの寺が集まる場所にある寺院で、最初の山門をくぐったら左手に進むとある。現在も茶室を2つ構える境内は、都心にいるとは思えない静寂空間。

坐禅DATA 日時 7:00～8:00（日曜は17:00～18:00）※開始の10分前までに入室。遅刻は厳禁　料金 無料　予約 不要※10名以上の場合は要相談　内容 坐禅の説明、坐禅、法話

◆創建：寛文5（1665）年 ◆本尊：釈迦如来
◆拝観所要時間：20分

渋谷区　TEL 非公開

渋谷区広尾5-1-21／境内自由／東京メトロ日比谷線広尾駅から徒歩3分／無休／Pなし

一部不可

名作にも登場する江戸庶民にも愛された寺院

林《りん》泉《せん》寺《じ》

「間口は広く、敷居は低く、懐は深い」という教えの寺院。盗難避け、厄除けにご利益があるとされる「縛られ地蔵尊」があり、銭形平次などの小説に登場する。

坐禅DATA 日時 初めての人は水曜の18:30～21:00　料金 1回500円（任意）　予約 前日までに要予約　内容 坐禅の説明、坐禅、法話。初回指導を受けた人は、月曜6:00～8:00、水曜19:00～21:00も参加可能

◆創建：慶長7（1602）年 ◆本尊：釈迦如来
◆拝観所要時間：20分

文京区　TEL 03-3943-0605

文京区小日向4-7-2／境内自由／東京メトロ丸ノ内線茗荷谷駅から徒歩1分／無休／Pなし

一部不可

写仏 描く

絵心がなくても大丈夫！ なぞって描く仏様

お経の一文字一文字を書き写す写経に対し、ご本尊などの姿を写し描く写仏。最近は体験できる寺院が増えている。ゆっくり丁寧になぞることで、誰でも美しい仏様の姿を写すことができる。複数の仏様から何を描くか決められる寺院も。

近代的な寺院は
縁結びと厄除けに◎

佛《ぶつ》願《がん》寺《じ》 東京別院

駅から近くオフィス街にあり、水子供養、仕事や恋愛のことなどの人生相談も行っている開かれた寺。写仏は10種類を用意。20～30分かけて丁寧に描こう。

写仏DATA 日時 随時 料金 1巻1500円 予約 完全予約制 内容 10種類の仏様、菩薩様の姿から1つを選び、仏画の上に半紙をのせて、その通りに書き写す

◆創建：不明 ◆本尊：阿弥陀如来・十一面観音 ◆拝観所要時間：20分

港区 TEL 03-5797-7288

港区赤坂2-9-1／8:30～19:30／境内自由／東京メトロ銀座線溜池山王駅から徒歩2分／無休／Pなし

写経 書く

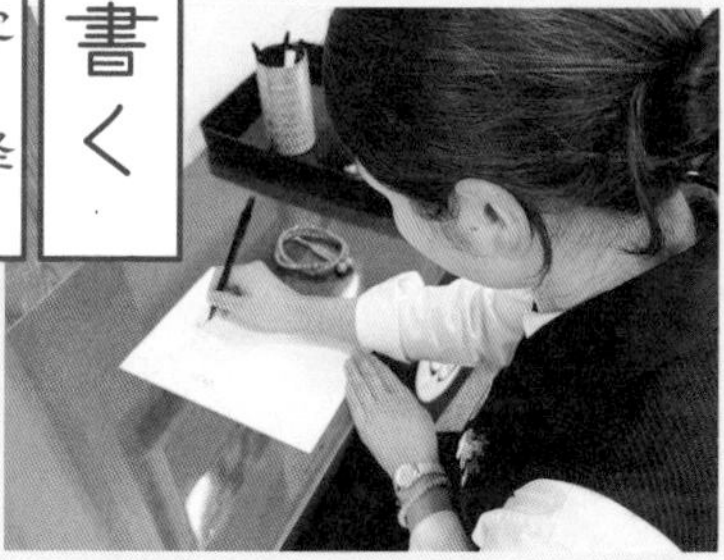

仏様の教えを写して 心を洗う整い体験

かつては僧侶たちが教えを学ぶため、経典を自分で書き写していたことが始まり。現在では誰でも行うことができ、境内のお堂などで写経の会を実施している寺院も多い。写経の長さなど、さまざまな種類があるので調べてから訪れて。

東京タワーの下で
穏やかに経を書く…

増《ぞう》上《じょう》寺《じ》 →P.100

東京タワーの近く、徳川家とも深いつながりのある増上寺では、一筆写経を開催。長机で行うので複数人で訪れるのもいい（私語は厳禁）。写経を納めた人限定でいただけるご朱印もある。

写経DATA 日時 9:00～17:00で随時 料金 1回500円 予約 不要 内容 安国殿で南無阿弥陀仏を写経。納経の証しとして「南無阿弥陀仏」のご朱印を授けられる

東京都心
足立区
葛飾区
北区
荒川区
文京区
台東区
墨田区
新宿区
千代田区
江東区
中央区
江戸川区
港区
品川区
大田区
P.70 総持寺（西新井大師）
大師前駅
西新井駅
東武スカイツリーライン
つくばエクスプレス
首都高速三郷線
北綾瀬駅
中川
常磐線
金町駅
京成金町駅
綾瀬駅
首都高速中央環状線
赤羽駅
埼京線
東北・上越新幹線
十条駅
王子稲荷神社 P.86・243
装束稲荷 P.87
王子神社 P.45・231
尾久八幡神社 P.142
P.170 題経寺（柴又帝釈天）
北千住駅
京成本線
七社神社 P.92・143
都電荒川線
青砥駅
京成高砂駅
大塚天祖神社 P.143
駒込駅
大塚駅
巣鴨駅
山手線
京成押上線
隅田川
首都高速向島線
池袋駅
仙行寺 P.149・182
光源寺（駒込大観音）
日暮里駅
大鳥神社 P.143
B
白山神社
根津神社
寛永寺
P.248 林泉寺
上野東照宮
上野駅
不忍池辯天堂
源覚寺
湯島天満宮（湯島天神）
北野神社（牛天神）
神田神社（神田明神）
妻恋神社
飯田橋駅
御茶ノ水駅
東京大神宮
靖國神社
湯島聖堂
A
本龍院（待乳山聖天）
鷲神社
浅草寺
浅草神社
牛嶋神社
浅草駅
東本願寺
法性寺
亀戸天神社
高木神社
飛木稲荷神社
三輪里稲荷神社 P.139
総武線
新中川
新小岩駅
C
鳥越神社
両国駅
錦糸町駅
亀戸駅
回向院
秋葉原駅
首都高速小松川線
末廣神社
笠間稲荷神社 東京別社
椙森神社
松島神社
小網神社
水天宮
茶ノ木神社
四ツ谷駅
皇居
東京駅
新宿御苑
鳩森八幡神社
荒川
首都高速中央環状線
D
虎ノ門金刀比羅宮
永田町 日枝神社
赤坂 氷川神社
愛宕神社
芝大神宮
佛願寺
穏田神社
宮益御嶽神社
光明寺
増上寺
宝珠院
渋谷 氷川神社
新橋駅
浜松町駅
鐵護稲荷神社 P.150
P.80 住吉神社
富岡八幡宮 P.38・122・227
深川不動堂 P.168
築地本願寺 P.174・229
和カフェ Tsumugi P.198
首都高速深川線
首都高速晴海線
豊洲駅
葛西Jct
首都高速湾岸線
京葉線
芝東照宮
香林院
豊洲市場
レインボーブリッジ
瑞聖寺
覚林寺
妙圓寺
目黒駅
大圓寺
五百羅漢寺
高輪神社
品川駅
E
五反田駅
りんかい線
新木場駅
葛西臨海公園
葛西臨海公園駅
舞浜駅
東京ビッグサイト
東京ディズニーリゾート
ゆりかもめ
東京港
品川神社 P.40・124
東京港トンネル
東京ゲートブリッジ
大井町駅
養玉院（大井の大佛）P.162
東京モノレール
首都高速湾岸線
大森駅
首都高速横羽線
京浜東北線
京急本線
東京
たのしい
社寺MAP

平林寺
埼玉県
新座市
首都高速池袋線
東京外環自動車道
成増駅
板橋区
関越自動車道
東武東上線
大泉Jct
大泉IC
練馬区
練馬IC
ひばりヶ丘駅
保谷駅
大泉学園駅
ワーナー ブラザース スタジオツアー東京
- メイキング・オブ・ハリー・ポッター
石神井公園駅
豊島園駅
豊島区
P.206
ぼうず'n COFFEE
西東京市
石神井公園
西武池袋線
練馬駅
江古田駅
P.206 祥雲寺
田無神社 P.60・122・149・178・229
西武新宿線
田無駅
井荻駅
P.215 法明寺
P.232 雑司ヶ谷鬼子母神堂
高田馬場駅
武蔵野市
吉祥寺駅
中野区
首都高速中央環状線
山手線
武蔵境駅
中央線
西武新宿駅
三鷹駅
荻窪駅
高円寺駅
中野駅
井の頭恩賜公園
三鷹市
杉並区
新宿駅
P.136 平田神社
京王井の頭線
調布市
高井戸IC
P.194 CAFÉ 杜のテラス
中央自動車道
P.48・93・137・218 明治神宮
首都高速新宿線
P.92・137 代々木八幡宮
東郷神社
神代植物公園
明大前駅
京王線
深大寺 P.156・241
渋谷区
P.147 菅原神社
千歳烏山駅
下北沢駅
仙川駅
調布IC
渋谷駅
P.147 赤堤六所神社
P.144・243
太子堂 八幡神社
P.148・207 一龍院
P.147 豪徳寺
P.207 Cafe 寺's
乗泉寺
調布駅
P.122・146 世田谷八幡宮
恵比寿
P.146 円光院
P.144
教学院（目青不動尊）
P.145 松陰神社
狛江市
小田急線
成城学園前駅
多摩川
P.145 駒留八幡神社
蟠龍寺
龍泉寺（目黒不動尊）
首都高速渋谷線
東京IC
登戸駅
東急東横線
目黒区
世田谷区
自由が丘駅
東急目黒線
大岡山駅
向ヶ丘遊園駅
P.233
九品仏 浄真寺
二子玉川駅
東急大井町線
東名高速道路
玉川IC
溝の口駅
旗の台駅
東急池上線
東名川崎IC
東急田園都市線
京浜川崎IC
P.124
多摩川浅間神社
多摩川駅
東海道新幹線
神奈川県
川崎市
南武線
P.222
池上 養源寺
P.113・234 池上本門寺
鷺沼駅
第三京浜
武蔵小杉駅
多摩川
池上駅
N
0
3km

光源寺(駒込大観音)
P.160
本駒込駅
千駄木駅
千代田線
谷中霊園
P.44白山神社
白山駅
P.96・212寛永寺
P.42・217根津神社
東京芸術大学
小石川植物園
東大前駅
根津駅
上野動物園
都営三田線
P.92・104・209・216上野東照宮
南北線
東京大学
上野駅
P.149・240・243
源覚寺
P.223不忍池辯天堂
P.61・84・235湯島天満宮
(湯島天神)
京成上野駅
後楽園駅
春日駅
本郷三丁目駅
湯島駅
御徒町駅
北野神社(牛天神)P.91・236・243
小石川後楽園
東京ドーム
P.88
妻恋神社
P.20・62・123・
220・241・242
東西線
水道橋駅
神田神社(神田明神)
銀座線
山手線
P.202
atticroom
YASUKUNI GAIEN
P.58・61・93・228
東京大神宮
御茶ノ水駅
秋葉原駅
P.110湯島聖堂
cafe MASU MASU
P.196
中央・総武線
九段下駅
神保町駅
靖國神社P.56・149・214・226
小川町駅
0
500m

A
鷲神社P.235
矢先稲荷神社P.92・193
浅草寺P.66・228・244
京成押上線
花やしき
つくばエクスプレス
P.140
本龍院(待乳山聖天)
曳舟駅
京成曳舟駅
P.60・78・93・221・244
浅草神社
浅草駅
P.93・140
高木神社
P.141・190
牛嶋神社
P.89
東本願寺
東武スカイツリーライン
東武亀戸線
浅草駅
飛木稲荷神社
P.139・232
とうきょうスカイツリー駅
押上駅
法性寺
P.138
田原町駅
蔵前駅
隅田川
半蔵門線
たばこと塩の博物館
蔵前駅
P.36・237亀戸天神社
都営浅草線
江戸東京博物館
都営大江戸線
両国国技館
大横川親水公園
オリナス
錦糸公園
錦糸町駅
両国駅
パルコ
総武線
マルイ
両国駅
0
500m

E
P.248香林院
有栖川宮公園
慶應義塾大学
恵比寿駅
日比谷線
都営三田線
南北線
白金高輪駅
恵比寿ガーデンプレイス
P.129覚林寺
山手線
国立自然教育園
白金台駅
八芳園
泉岳寺駅
高輪ゲートウェイ駅
東海道新幹線
瑞聖寺P.129
泉岳寺
庭園美術館
妙圓寺P.128
P.90高輪神社
目黒川
P.128
大圓寺
目黒駅
蟠龍寺P.126
都営浅草線
高輪台駅
五百羅漢寺P.149・164
瀧泉寺(目黒不動尊)P.74・127
品川駅
グランドコモンズ
アクアパーク品川
五反田駅
林試の森公園
東急目黒線
不動前駅
0
500m

C
0
500m
蔵前駅
P.227鳥越神社
日比谷線
都営浅草線
隅田川
両国国技館
江戸東京博物館
総武線
浅草橋駅
神田川
総武快速線
都営新宿線
両国駅
馬喰町駅
P.82・141回向院
東日本橋駅
馬喰横山駅
小伝馬町駅
笠間稲荷神社
東京別社P.60・131
浜町駅
P.130
椙森神社
浜町公園
末廣神社P.131
人形町駅
茶ノ木神社P.133
半蔵門線
松島神社P.132
水天宮P.132・242
水天宮前駅
清洲橋
日本橋駅
小網神社P.61・133
茅場町駅
清澄公園

D
国立競技場
鳩森八幡神社
P.61・93・123・124・136・242
赤坂御苑
赤坂見附駅
有楽町線
国会議事堂
丸ノ内線
山手線
副都心線
神宮球場
国会議事堂前駅
半蔵門線
日比谷駅
銀座線
赤坂サカス
溜池山王駅
日比谷公園
青山一丁目駅
P.32・59・92・224・244
永田町 日枝神社
霞ケ関駅
原宿駅
東郷神社P.93・136
都営大江戸線
赤坂駅
虎ノ門駅
外苑前駅
虎ノ門金刀比羅宮
内幸町駅
P.188
明治神宮前〈原宿〉駅
青山霊園
赤坂 氷川神社
P.24・62・230
虎ノ門ヒルズ駅
虎ノ門ヒルズ
千代田線
乃木坂駅
新橋駅
国立新美術館
東京ミッドタウン
六本木一丁目駅
表参道駅
P.204
P.62・112・123愛宕神社
穏田神社
P.122・135・208
神谷町オープンテラス
六本木駅
神谷町駅
光明寺P.204
都営三田線
都営浅草線
根津美術館
P.28・123・234芝大神宮
青山学院大学
麻布台ヒルズ
御成門駅
宮益御嶽神社P.135
P.200
六本木ヒルズ
TERA CAFE SHIEN-ZOJOJI
大門駅
渋谷スクランブルスクエア
東京タワー
P.100・192・249増上寺
東海道新幹線
渋谷ストリーム
P.166宝珠院
P.249佛願寺
東京別院
浜松町駅
日比谷線
麻布十番駅
赤羽橋駅
渋谷 氷川神社P.134
南北線
乗泉寺P.186
有栖川宮公園
P.108・123芝東照宮
0
500m

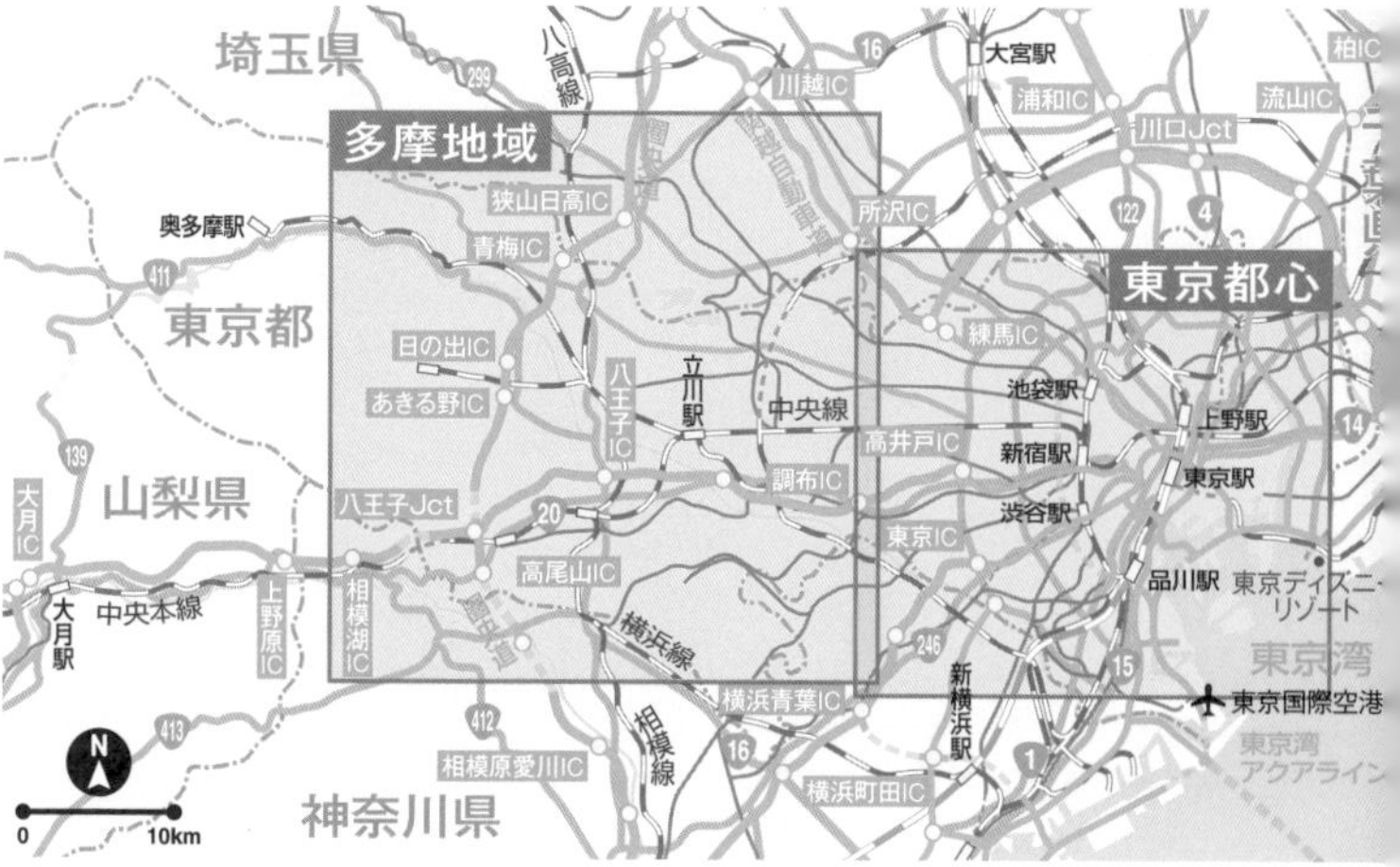
埼玉県
多摩地域
東京都心
八高線
川越IC
大宮駅
浦和IC
川口Jct
流山IC
柏IC
狭山日高IC
青梅IC
所沢IC
奥多摩駅
東京都
練馬IC
日の出IC
あきる野IC
八王子IC
立川駅
中央線
高井戸IC
池袋駅
上野駅
新宿駅
東京駅
山梨県
調布IC
渋谷駅
八王子Jct
東京IC
品川駅
東京ディズニーリゾート
大月IC
大月駅
中央本線
上野原IC
相模湖IC
高尾山IC
圏央道
横浜線
東京湾
横浜青葉IC
新横浜駅
東京国際空港
相模原愛川IC
相模線
横浜町田IC
東京湾アクアライン
神奈川県
0
10km

多摩地域
埼玉県
飯能市
狭山日高IC
狭山市駅
飯能駅
東飯能駅
奥多摩町
狭山市
八高線
入間市駅
入間IC
所沢市
青梅市
P.217・243
塩船観音寺
入間市
西武池袋線
所沢IC
東所沢駅
御嶽駅
青梅IC
武蔵野線
青梅線
西武園ゆうえんち
所沢駅
清瀬市
武蔵御嶽神社 P.118・247
青梅駅
東青梅駅
瑞穂町
狭山湖
清瀬駅
箱根ヶ崎駅
西武球場前駅
正福寺 P.169
圏央道
羽村市
羽村駅
東村山駅
東久留米駅
日の出町
武蔵村山市
多摩湖
東村山市
東久留米市
あきる野市
福生駅
上北台駅
東大和市
福生市
P.60・122・149・178・229
日の出IC
小川駅
田無神社
秋川駅
西武拝島線
小平駅
武蔵五日市駅
五日市線
拝島駅
立川市
小平市
田無駅
あきる野IC
昭島駅
国立駅
小金井公園
国分寺市
P.246 三光院
檜原村
立川駅
中央線
昭島市
八王子IC
国立市
国分寺駅
小武蔵金井駅
武蔵境駅
八王子市
日野駅
P.237
谷保駅
中央自動車道
谷保天満宮
府中市
日野市
国立府中IC
調布IC
八王子駅
P.152・223 金剛寺
高幡不動駅
大國魂神社
(高幡不動)
P.52・221
高尾駅
京王線
調布市
八王子Jct
京王高尾線
多摩川
北野駅
多摩動物公園
南武線
稲城IC
調布駅
相模湖IC
多摩市
稲城市
高雄山口駅
高尾山薬王院
P.114・238
高尾山IC
永山駅
多摩センター駅
よみうりランド
稲田堤駅
相模湖
プレジャーフォレスト
相原駅
橋本駅
唐木田駅
新百合ヶ丘駅
小田急線
川崎市
津久井湖
相模原駅
町田市
神奈川県
相模原IC
相模線
横浜線
淵野辺駅
相模原市
玉川学園前駅
こどもの国
0
5km

INDEX

取材・執筆協力	四谷工房 （石丸泰規、丸山繭子、石井かつこ）、 笠井木々路、秋葉樹代子、 朝倉由貴、富永玲奈、鳩野めぐ実
撮影、撮影協力	古根可南子、野中弥真人、稲田良平、 多摩川浅間神社
写真協力	関係各施設、朝日新聞社、 国立国会図書館
表紙・扉イラスト 挿絵、まんが	ヒダカナオト
仏像イラスト	enamura
境内図	岡本倫幸
地図	s-map
表紙・本文デザイン	八木孝枝
企画・編集	朝日新聞出版 生活・文化編集部 （白方美樹、永井優希）

東《とう》京《きょう》たのしい社《しゃ》寺《じ》カタログ

2023年12月30日 第1刷発行

編　著　朝日新聞出版
発行者　片桐圭子
発行所　朝日新聞出版
〒104-8011 東京都中央区築地5-3-2
お問い合わせ
infojitsuyo@asahi.com
印刷所　大日本印刷株式会社

©2023 Asahi Shimbun Publications Inc.
Published in Japan by Asahi Shimbun Publications Inc.

ISBN 978-4-02-334752-6

● 定価はカバーに表示してあります。落丁・乱丁の場合は弊社業務部（電話03-5540-7800）へご連絡ください。送料弊社負担にてお取り替えいたします。　● 本書および本書の付属物を無断で複写、複製（コピー）、引用することは著作権法上での例外を除き禁じられています。また代行業者等の第三者に依頼してスキャンやデジタル化することは、たとえ個人や家庭内の利用であっても一切認められておりません。